▸ LILY MERKLIN

Spiel und Spaß mit Pferden

KOSMOS ratgeber

Spaß beim Reiten

Reiten

Reiten soll Spaß machen! Natürlich – warum sonst würden Millionen von Menschen jeden Tag in den Stall pilgern und viel Zeit und Geld in ihr Hobby investieren? Und dennoch stellen sich im Alltag allzu oft Frust und Langeweile ein. Aber das muss nicht sein: Werden Sie aktiv und sorgen Sie dafür, dass Sie und Ihr Pferd wieder richtig Spaß am Reiten bekommen!

Abwechslung in der Reitbahn

Wovon hängt es eigentlich ab, ob uns das Reiten Spaß macht? Wann kommen Sie freudestrahlend vom Stall nach Hause und erzählen begeistert, dass es heute wieder richtig schön war? Wahrscheinlich dann, wenn es gut geklappt hat, wenn Sie Erfolg hatten, wenn Ihr Pferd das gemacht hat, was Sie von ihm wollten. Wenn gutes Reiten also offensichtlich mehr Vergnügen bereitet, woran liegt es dann, dass viele Reiter so wenig an ihrem Können arbeiten?

Was viele Reiter davon abhält, ihr Pferd häufiger in der Bahn oder Halle zu bewegen, ist sicher eine sich rasch ausbreitende Langeweile. Das muss keineswegs so sein. Schon mit ein paar Tonnen, Pylonen oder sonstigen Markierungen können Sie Abwechslung in Ihr Übungsprogramm bringen. In einer Bahn mit den Maßen 20 x 40 m haben sich vier Tonnen, gleichmäßig auf der Mittellinie platziert, bewährt. So sind sie bei fast keiner offiziellen Bahnfigur im Weg, stören eventuelle Mitreiter kaum und bieten den Rahmen für eine Vielzahl von Übungen. Bei einem kleineren oder größeren Platz müssen Sie entsprechend experimentieren.

Die folgenden Übungen sind Vorschläge und kein starres Muster.

Reiten soll Spaß machen – aber auch sicher sein: deshalb lieber mit Kappe!

Kleine Pylonen, die Sie für ein paar Euro im Spielwarengeschäft bekommen, sind leicht zu transportieren und vielseitig als Markierung einsetzbar.

Die Übungen und Spiele erfordern vom Reiter keine besondere Ausrüstung und keine bestimmte Philosophie, sondern lassen sich in alle Reitstile integrieren. Natürlich können Sie sich unzählige Variationen ausdenken und die Abfolge Ihrem eigenen Können und dem des Pferdes anpassen.

Um eine Schädigung von Gelenken und Muskeln zu vermeiden, kommen Sie auch bei diesen Übungen nicht um ein behutsames Aufwärmen herum. Die einzelnen Aufgaben sind jedoch nach steigendem Schwierigkeitsgrad geordnet, was Sie sowohl zur Ausbildung Ihres Pferdes als auch zum Aufbau einer Lektion nützen können. Wenn Sie außerdem zuerst ausgiebig im Schritt reiten und große Figuren wählen, können Sie kaum etwas falsch machen. Und vergessen Sie nicht, Ihr Pferd häufig zu loben. (Es soll schließlich auch Spaß am Arbeiten haben!)

Tonnen

1. Nachdem Sie die erste Runde auf dem Hufschlag geritten sind, lenken Sie Ihr Pferd in der zweiten Runde zwischen der dritten und letzten Tonne hindurch. Achten Sie darauf, dass Sie punktgenau abwenden, zwischen den Tonnen gerade bleiben und wieder korrekt am Hufschlag ankommen. Jede Runde verkleinern Sie nun Ihr Viereck um eine Tonne, bis Sie in der Mitte zwischen erster und zweiter Tonne hindurchkommen. Klappt die Übung im Schritt, können Sie sie im Trab und eventuell im Galopp ausprobieren. Zur Entspannung können Sie eine Runde ganze Bahn zwischenschalten oder nicht bis zum engsten Viereck verkleinern.

Diese Übung fordert vom Pferd in den Ecken jeweils eine kurzfristig erhöhte Biegung, während es sich auf den Geraden immer wieder entspannen kann – was nicht heißt, dass Sie es dort laufen lassen sollen. Achten Sie auf ein gleichmäßiges Tempo und konstante Anlehnung. Zudem muss sich Ihr Pferd, je kleiner die Vierecke werden, immer mehr ausbalancieren und versammeln.

▶ **2.** Um die Paraden zu verbessern, können Sie jedes Mal in der Mitte zwischen zwei Tonnen anhalten bzw. die Gangart wechseln.

So sind Sie gezwungen, punktgenau zu reiten, und können überprüfen, ob Ihr Pferd prompt auf die Hilfen reagiert.

▶ **3.** Fortgeschrittene können aus dem Anhalten heraus Ihr Pferd auch einige Tritte rückwärts richten. Bleibt Ihr Pferd beim Rückwärtsgehen jedoch nicht gerade, sollten Sie zuerst mit

einer seitlichen Begrenzung (z.B. auf dem Hufschlag) üben.

▶ **4.** Wenn Sie den Aspekt der Biegung betonen wollen, können Sie in der Mitte der Bahn jedes Mal eine Volte um die Tonne machen.

▶ **5.** Zur Verbesserung der wechselseitigen Biegung, ändern Sie nach jedem Durchreiten zwischen den Tonnen die Hand. Beginnen Sie wieder ganze Bahn auf dem Hufschlag, wenden Sie zwischen erster und zweiter Tonne ab, reiten gerade zwischen den Tonnen hindurch und bei Erreichen des Hufschlags weiter in die andere Richtung. Nach einigen Metern wenden Sie zwischen der zweiten und dritten Tonne wieder ab etc. Fällt Ihnen oder Ihrem Pferd das Abwenden oder Umstellen zu schwer, können Sie anfangs auch eine Tonne auslassen, damit Sie genug Zeit haben, sich und Ihr Pferd auf das nächste Abbiegen vorzubereiten.

▶ **6.** Ist Ihr Pferd ausreichend aufgewärmt und in der Lage, sich stärker zu biegen, können Sie die Anforderung erhöhen und nicht mehr jedes Mal bis zum Hufschlag reiten. Die Bögen werden so immer flacher und heraus kommt ein Slalom.

▶ **7.** Gezielt an der Biegung arbeiten Sie mit der folgenden Übung: Wenden Sie von der kurzen Seite her in der Mitte zwischen langer Seite und Bahnmitte ab und reiten Sie parallel zum Hufschlag geradeaus. Jeweils auf Höhe der Tonnen machen Sie eine Volte, wobei

Dressur im Gelände: Alle Reiter wenden gleichzeitig ab...

... reiten eine Volte...

diese Ihnen als Mittelpunkt dient. Vergessen Sie nicht, diese Übung auf beiden Händen zu absolvieren.

8. Um die Biegung auf beiden Händen zu fördern und das Pferd durch häufiges Umstellen im Rücken zu lockern, beginnen Sie wie in Übung sieben, reiten jedoch um die erste Tonne eineinviertel Kreise, stellen Ihr Pferd um und reiten eineinhalb Volten um die zweite Tonne, von wo aus Sie wieder die Hand wechseln, eineinhalb Runden um die dritte Tonne reiten usw.

Andere Hindernisse

Natürlich können Sie auch andere Hindernisse aus der Bodenarbeit vom Sattel aus absolvieren.

Markierungen eignen sich zudem bei fast allen Bahnfiguren zur besseren Orientierung (z.B. als Mittelpunkt beim Zirkelverkleinern, bei Schlangenlinien etc.). Sie sind dadurch gezwungen, auf den Punkt genau zu reiten, und viele Pferde scheinen mehr Sinn in der Bahnarbeit zu sehen, wenn sie einen optischen Anhaltspunkt haben.

Und im Gelände?

Selbstverständlich können Sie alle Übungen auch im Gelände reiten. Ein breiter Weg, ein abgeerntetes Feld oder ein großer (leerer!) Parkplatz finden sich fast überall. Als Markierungen können Sie Steine, Äste, Blätter und alles, was die Umgebung sonst noch zu bieten hat, verwenden.

Abwechslung
auf dem Ausritt

Allerdings ist das nicht die einzige Möglichkeit, ein Pferd im Gelände zu gymnastizieren. Manche Reiter wollen vielleicht gar nicht an die Enge eines Reitplatzes oder einer Halle erinnert werden. Oder ihnen steht selbst für oben genannte Übungen kein geeignetes Gelände zur Verfügung. Doch auch Reiter, die jeden Tag mit ihren Pferden ins Gelände gehen, müssen die Ansprüche an sich und ihre Pferde nicht immer mehr zurückschrauben. Selbst ein reines „Ausreitpferd" kann mehr lernen als sich in der Gruppe halbwegs be-

... und kommen wieder zurück auf den Weg.

herrschen zu lassen. Im Gelände kann man alleine genauso viel Spaß haben wie in der Gruppe. Nebenbei verbessert man Gehorsam und Rittigkeit. Und man braucht keinerlei Material für die Übungen.

Überholmanöver

Zur Einstimmung und um zu überprüfen, wie gut die Pferde auf Ihre Hilfen reagieren, können Sie zwei Dinge ausprobieren: Bei Variante A reitet der letzte Reiter an der ganzen Gruppe vorbei bis nach vorne, bevor der „neue Letzte" losreitet. Bei Variante B reitet die ganze Gruppe am ersten Reiter vorbei und reiht sich so ein, dass der frühere Zweite jetzt der Vorletzte ist usw. Die Reihenfolge ist anschließend also genau umgekehrt. Nach einem Durchgang können Sie die Plätze tauschen und das Gleiche noch mal probieren. Anfangs ist es am einfachs-ten, wenn die „Überholer" Schritt reiten und die, die überholt werden, anhalten. Später können Sie die Ansprüche steigern und im Trab die oder den Schritt

Reitende(n) überholen.
Richtig schwierig und nur absoluten Könnern mit gut gerittenen Pferden zu empfehlen ist die Galoppvariante.

Einfacher Slalom

Die ganze Abteilung hält auf einem breiten Weg an, wobei Sie mindestens zwei Pferdelängen Abstand halten sollten. Nun beginnt der letzte Reiter im Schritt einen Slalom um die Gruppe zu machen. Vorne angekommen hält er sein Pferd in ausreichend großem Abstand an. Je mehr Abstand die einzelnen Paare zwischen sich lassen, desto einfacher wird es.

Schwieriger Slalom

Für dieses Spiel müssen Sie mit mindestens drei Pferdelängen Abstand hintereinander herreiten, und zwar im Schritt. Der hinterste Reiter trabt an und macht einen Slalom um die anderen herum. Vorne angekommen, pariert er sein Pferd durch. Auch hier gilt: Fangen Sie mit großen Abständen an, damit es einfacher ist!

Wichtig

Ein Wort der Warnung
Nehmen Sie nur Pferde mit, die sich gut verstehen. Viele Pferde mögen es nicht, wenn sie überholt werden oder ihnen ein Kollege zu nahe kommt: Wenn Sie jedoch am Anfang große Abstände einhalten, sind Sie und die Pferde sicher.

Volten

Auf einem breiten Weg oder einem Stoppelfeld gibt ein Reiter das Kommando „Volte marsch" und alle machen gleichzeitig eine große Volte. Wichtig ist, dass Sie vorher absprechen, wer das Kommando gibt, in welche Richtung Sie die Volte machen und wie groß sie ungefähr werden soll.

Tipp

Und wenn Sie nur zu zweit sind? Wenn Sie nur zu zweit unterwegs sind, können Sie sich entweder noch mehr Reiter vorstellen oder sie durch Bäume oder Steine ersetzen; allerdings können die dann nur anhalten und stehen bleiben.

Eiertanz

Hierfür hält wieder die ganze Abteilung mit großen Abständen an. Der vorderste Reiter macht um jeden eine Volte und stellt sich dann hinten an. Das Gleiche können Sie natürlich auch im Trab machen, wenn die Gruppe Schritt reitet. Allerdings werden die Volten dann nicht mehr rund – daher der Name Eiertanz. Außerdem müssen die Abstände sehr groß sein, weil sonst das Zielen zu schwierig wird.

Schrittrennen

Während es bei einem Trab- oder Galopprennen leicht passiert, dass die Pferde heiß werden oder sogar durchgehen, ist das Schrittrennen eine verhältnismäßig ruhige Angelegenheit; aber nicht weniger lustig. Sie brauchen einfach eine Strecke, auf der Sie

Die Möglichkeiten für spielerische Übungen im Gelände sind zahlreich. Treffsicherheit ist gefordert, wenn zwei Reiterpaare aufeinander zukommen und zwischeneinander hindurchreiten.

nebeneinander reiten können und dürfen. Wenn alle Pferdenasen in einer Linie sind, geht's los. Wessen Pferd antrabt, scheidet aus Von den anderen gewinnt der, der als Erster an einer vorher bestimmter Stelle ist.

Das Reiten mit Halsring

Der Spaß ist Pferden und Menschen gleichermaßen anzusehen. Frei von einengendem Leder am Kopf, ohne Gebiss und Zügel – wie sonst kann Reiten schöner sein?
Es sieht so leicht und spielerisch aus, wenn ein Pferd sich mit feinen Signalen am Halsring und kaum mehr als Gedankenübertragung lenken lässt. Kindern und erwachsenen Reitern steht die Begeisterung ins Gesicht geschrieben. Und etwas Stolz spielt wohl

außerdem mit, wenn das Pferd sich mit so feinen Hilfen dirigieren lässt. Doch nicht nur die Reiter, auch die Pferde haben Vergnügen an dieser Art des Reitens. Die Pferde scheinen regelrecht glücklich darüber, Kopf und Hals frei tragen und bewegen zu können, und arbeiten meist freudig mit. So lernen sie, sich ohne den Zügel frei zu tragen, ihr eigenes Gleichgewicht zu finden und besser auf Gewichts-, Schenkel- und Stimmhilfen zu reagieren.
Doch obwohl es bei Könnern so einfach aussieht, müssen Reiter und Pferd das Reiten mit Halsring erst lernen und üben.
Ein paar Voraussetzungen sollten zudem schon erfüllt sein, damit Sie und Ihr Pferd gleichermaßen Freude an der Sache haben. Ihr Pferd muss auf Gewichts- und Stimmhilfen gut reagieren,

Beim Slalom lernen die Pferde, sich individuell lenken zu lassen und ruhig aneinander vorbeizugehen.

Bei den ersten Trabversuchen kann der Führer sich ein wenig vom Pferd entfernen, während der Reiter sieht, wie sein Pferd auf die ungewohnte Situation reagiert.

Zum Abwenden wird der Ring am Hals angelegt. Je weiter Richtung Kopf die Hilfe zum Abwenden oder Anhalten kommt, desto deutlicher ist sie.

und Sie müssen ausbalanciert im Sattel sitzen. Ein Pferd, das sich nur mit Trense lenken lässt, ist genauso wenig bereit für den Halsring wie ein Reiter, der sich an den Zügeln festhalten muss.

Wenn Sie jetzt noch einen umzäunten Platz, einen Helfer und einen Halsring haben, kann's losgehen.
Reiten Sie Ihr Pferd zuerst einige Runden mit Halsring und Zaum und testen Sie, wie es auf die Hilfen von Gewicht, Schenkel und Stimme in Kombination mit dem Halsring reagiert.
Nehmen Sie ihm nun den Zaum ab, und lassen Sie sich führen. Ihr Helfer kann Ihr Pferd zunächst am Halfter und dann mit einem Strick am Halsring führen. Je sicherer Sie und Ihr Pferd werden, desto weiter entfernt sich der Führer am Boden und desto weniger Hilfestellung leistet er.

Vergessen Sie nicht, auch das Traben vorsichtig auszuprobieren. Es gibt Pferde, die im Schritt mit Halsring ganz lieb vor sich hin trotten, jedoch losstürmen, sobald es ans Traben geht.
Schließlich führt der Helfer das Pferd nur noch mit einer Schlaufe um den Hals und entfernt sich immer weiter. Wenn Sie das Pferd ohne die Hilfe des Führers lenken und (ganz wichtig!) stoppen können, lassen Sie das Seil entfernen. Ihr Helfer sollte sicherheitshalber noch in der Nähe zu bleiben. Probieren Sie jetzt vorsichtig im Schritt, wie Ihr Pferd sich am besten lenken lässt, bevor Sie das Gleiche im Trab oder Galopp ausprobieren. Am wichtigsten ist, dass Sie Ihr Pferd jederzeit anhalten können. Wird es mal zu schnell oder lässt sich nicht dorthin dirigieren, wo Sie es haben wollen, können Sie es immerhin stoppen – und es dann noch mal versuchen.

Übungen für Fortgeschrittene

Wer sich mit dem Halsring sicher fühlt und einen stabilen Sitz hat, kann damit fast die gleichen Figuren und Übungen reiten wie auf Trense. Mit einem gut ausgebildeten Pferd lassen sich Schulterherein, Traversalen und sogar Piaffen durchaus auch mit dem Halsring reiten.

Wichtig ist, dass die Kommunikation vor allem über Gewichts- und Schenkelhilfen läuft und Sie sich nicht zu sehr auf den Halsring als Zügelersatz versteifen. Sonst kommen Sie ins Ziehen, die Koordination der Zügel- und Schenkelhilfen gerät in Vergessenheit und dann geht plötzlich nichts mehr. Sollten Sie trotzdem mal in die Lage

kommen, dass Ihre Koordination durcheinander kommt, halten Sie Ihr Pferd an, atmen Sie tief durch – und fangen noch mal von vorne an.

Springen mit dem Halsring

Auch für Stangen- und Cavallettiarbeit eignet sich der Halsring. Sogar Sprünge oder ein ganzer Parcours lassen sich

Beim Geradeaus reiten wird der Halsring locker in beiden Händen gehalten. Das Pferd geht in einem fleißigen Trab entspannt vorwärts.

Halsringreiten für Fortgeschrittene: Das Springen ohne Zaum und Sattel setzt einen ausbalancierten Sitz und viel Vertrauen zwischen Pferd und Reiter voraus.

mit etwas Übung so reiten. Natürlich müssen Sie Ihr Pferd gut zwischen den Beinen gerade halten. Seitliche Stangen am Sprung, so genannte Fänge, vereinfachen am Anfang das Anreiten. Achten Sie darauf, dass Sie alle Wendungen groß genug wählen, um das Pferd gerade auf das Hindernis oder die Stangen zureiten zu können.

Der Halsring im Reitunterricht

Ein ganz besonders schöner Einsatzbereich für den Halsring ist der Reitunterricht. Nicht nur Kinder, auch Erwachse-ne können davon auf vielfältige Art und Weise profitieren. Sie lernen, in erster Linie mit Gewichts- und Schenkelhilfen zu reiten und sich nicht auf das Ziehen am Zügel zu verlassen. Sie verbessern ihre Balance und haben im Notfall einen Griff, an dem sie sich halten können, ohne dem Pferd im Maul zu ziehen.

Zur Förderung eines zügelunabhängigen Sitzes können bei den Sitzübungen an der Longe und im Springunterricht der Halsring oder ein breites Seil eingesetzt werden.

Turnen *auf dem Pferd*

Reiten soll nicht nur angenehm für die Psyche, sondern auch noch gut für den Körper sein. Wenn Sie nach einem anstrengenden Arbeitstag oder der Stallarbeit verspannt aufs Pferd steigen, fühlt sich das in den seltensten Fällen richtig gut an - weder für Sie noch für das Pferd, auf das Sie Ihre Anspannung automatisch übertragen. Dabei können Sie sich schon mit ein paar einfachen Übungen zu Beginn des Reitens lockern. Sie müssen dafür weder außergewöhnlich sportlich noch ein Profivoltigierer sein und verbessern Ihre Beweglichkeit, Ihre Eigenwahrnehmung und das Gespür fürs Pferd.

Lassen Sie sich, wenn Sie sich unsicher fühlen oder ein schreckhaftes Pferd besitzen, anfangs führen oder an die Longe nehmen. Später können Sie die Übungen problemlos ins Reiten einfließen lassen. Gerade die ersten Minuten in der Bahn oder beim Ausreiten lassen sich wunderbar dafür verwenden. Machen Sie sich als Erstes Ihren Körper bewusst. Spüren Sie irgendwo Schmerzen oder Verspannungen? Stellen Sie Unterschiede zwischen der linken und rechten Körperhälfte fest?

Wie ist die Verbindung zum Sattel bzw. zum Pferd? Liegen beide Beine gleichmäßig an? Spüren Sie Ihre Sitzknochen? Wie ist es um Ihre Atmung bestellt? Und vor allem: Wie fühlen Sie sich heute? Versuchen Sie dann alle Spannungen und unangenehmen

Der Hampelmann ist anstrengender, als er aussieht, und fordert Beweglichkeit und Kondition des Reiters.

Genießen Sie noch mal Ihre volle Größe, bevor Sie die Arme langsam senken, das Kinn auf die Brust kippen und sich langsam nach vorne zusammensinken lassen. Machen Sie Ihren Rücken so rund wie möglich und richten Sie sich dann wieder Wirbel für Wirbel auf. Stellen Sie sich vor, am höchsten Punkt des Kopfes sei ein Faden befestigt, an dem der ganze Rumpf aufgehängt ist und der Sie somit aufrichtet.

Probieren Sie durch langsames Vor- und Zurückschaukeln aus, wie sich Ihr Sitz gerade anfühlt, und lassen Sie das, wenn möglich, von einem Beobachter oder Mitreiter überprüfen. Für diese Übung brauchen Sie nur ein paar Minuten und haben doch Ihren ganzen Körper gedehnt und gelockert. Natürlich können Sie den gesamten Ablauf auch mehrmals wiederholen.

Zudem gibt es noch ein paar Ergänzungen, die einzelne Körperteile besonders ansprechen. Probieren Sie doch einfach aus, welche Ihnen am besten gefallen! Wichtig bei allen Übungen ist, dass sie langsam und bewusst ausgeführt werden. Versuchen Sie, um eine optimale Dehnung und Lockerung zu erreichen, nur den jeweiligen Körperteil zu bewegen und ansonsten ruhig sitzen zu bleiben. Achten Sie jeweils auf Unterschiede zwischen rechter und linker Seite und in Ihrer Tagesform.

Kopf: Das weit verbreitete Kopfrollen ist absolut unphysiologisch, da wir zwischen Kopf und Hals kein Kugelgelenk

Empfindungen durch Schütteln der Arme und Beine loszulassen und atmen Sie tief durch.

Strecken Sie sich anschließend ausgiebig. Sie können sich vorstellen, mit den Füßen bis zum Boden zu kommen und mit den Armen den Himmel (oder das Dach der Reithalle, was vielleicht weniger romantisch, aber ebenso zweckmäßig ist) greifen zu wollen. Besonders effektiv ist es, Arme und Beine diagonal zu dehnen: linkes Bein und rechter Arm und umgekehrt.

Der Reiter turnt, das Pferd macht neugierig mit: So werden beide beweglich.

besitzen. Viel effektiver können wir den Genickbereich entspannen, indem wir den Kopf erst nach vorne und hinten sinken lassen und anschließend die Ohren in Richtung der jeweiligen Schulter sinken lassen. Oder Sie stellen Sich vor, mit dem Kopf wie mit einem Messer die Luft in Scheiben zu schneiden. Die Strukturen im Genick- und Halsbereich sind besonders empfindlich. Führen Sie alle Bewegungen vorsichtig aus und respektieren Sie Ihre Grenzen!

▶ **Arme:** Machen Sie langsam große Kreise mit Ihren Armen. Fangen Sie mit einem Arm an und schauen Sie den Fingern hinterher. Bewegen Sie die Arme einzeln, zusammen, in beide Richtungen und gegengleich. Was verändert sich jeweils?

▶ **Schultern:** Bei vielen Menschen sind die Schultern chronisch hochgezogen und deshalb besonders anfällig für Verspannungen und Schmerzen. Heben Sie als Erstes die Schultern (einzeln oder zusammen) bis zu den Ohren, ohne die Arme zur Hilfe zu nehmen, und lassen Sie sie bewusst fallen, bevor Sie mit dem Kreisen beginnen. Machen Sie genau wie mit den Armen langsame Kreise – einzeln oder zusammen, in beide Richtungen und gegengleich – und achten Sie darauf, welche Auswirkungen das jeweils auf Ihren Sitz hat.

▶ **Oberkörper/Taille:** Strecken Sie die Arme seitlich aus und drehen Sie sich langsam erst zu einer, dann zur anderen Seite (Kopf kommt mit!). Begleiten Sie die Bewegung mit dem Blick und achten Sie darauf, wie weit Sie die Drehung in die Beinen hinunter spüren können.

▶ **Füße:** Auch die Füße und Knöchel besitzen kein Kugelgelenk, weshalb Sie mit Kreisbewegungen vorsichtig sein sollten. Besser ist es, die Fußspitze auf und ab zu bewegen bzw. die Zehen abwechselnd zu strecken und anzuspannen. Dehnen Sie diese Bewegung langsam aus und lassen Sie sie wie ein

Wem's gefällt: Um Spaß am Reiten zu haben, braucht man keine spezielle Rasse oder Ausrüstung.

sanftes Schwingen über die Knöchel und die Kniegelenke bis in die Hüften wandern. Forcieren Sie nichts. Die Bewegung soll ganz locker und leicht sein.

 Wichtig

Ausrüstung egal?
Auch wenn es keine Rolle spielt, ob Sie sich zu den Western-, Englisch-, Freizeit- oder irgendwelchen anderen Reitern zählen, um Spaß mit Ihrem Pferd zu haben, ist es doch nicht ganz egal, wie Sie mit Ihrem Pferd unterwegs sind.
Ein Gegenstand sollte beim Reiten nie fehlen: eine gut sitzende Reitkappe mit Dreipunktbefestigung!

Es kommt nicht darauf an, dass sie besonders groß ist, sondern dass die Gelenke sich leicht bewegen.
Beine: Durch die (mehr oder weniger starke) Spreizung der Beine und Hüftgelenke auf dem Pferd bzw. im Sattel ist die Gefahr von Verkrampfung und Muskelkrämpfen hier besonders groß. Seien Sie deshalb vorsichtig und beschränken Sie sich zumindest anfangs auf kleine, langsame Bewegungen. Lockern Sie die Beine, wenn Sie sich trotzdem verspannen, durch Schütteln und ruhen Sie sich einen Moment aus. Neben dem schon bei den Füßen beschriebenen Schwingen gibt es für die Beine vor allem zwei Bewegungen: Sie können sie aus der Hüfte heraus vom Sattel abheben (wie bei der Turnübung „Hampelmann") oder so tun, als ob Sie

im Sattel rückwärts gehen wollten. Letzteres ist besonders effektiv, wenn Ihre Beine tendenziell zu weit vorne liegen. Beide Bewegungen müssen jedoch wirklich aus der Hüfte kommen, die Unterschenkel hängen locker herab.

Allgemeine Beweglichkeit: Zur Verbesserung der allgemeinen Beweglichkeit können Sie versuchen, mit einer Hand die Fußspitze der anderen Seite zu greifen. Oder Sie versuchen das Pferd am Hals und im Genick zu berühren oder Sie greifen auf die Kruppe, seitlich an der Hinterhand hinunter, tief an die Schulter oder an die Brust. Seien Sie jedoch darauf gefasst, dass Ihr Pferd die Berührung nicht schätzt und vielleicht erschrickt. Am besten lassen Sie es bei den ersten Versuchen von einem Helfer halten. Er sollte noch eine Weile im Schritt nebenherlaufen, bevor sie ganz alleine auf dem Pferd turnen.

Spaß und schönes Reiten – ein Widerspruch?

Am meisten Spaß macht ein gut gerittenes Pferd, das folgsam auf unsere Hilfen reagiert. Es ist schon anstrengend, ein Pferd zu jedem Schritt überreden zu müssen oder eines zu bändigen, bei dem wir nie wissen, ob oder wo wir ankommen.

Zum schönen Reiten führen viele Wege. Und dass das auch spielerisch geht, das will Ihnen dieses Buch vermitteln. Deshalb ist der Vorbereitung der einzelnen Spiele jeweils ein ausführlicher Abschnitt gewidmet. So können sie sich und das Pferd schrittweise auf die steigenden Anforderungen vorbereiten, lernen nebenher eine ganze Menge und vor allem verlieren Sie nicht den Spaß an der Sache!

Wer freut sich nicht an einem Pferd, das fein auf jede Hilfe reagiert? So macht Reiten Spaß!

für viele

Die folgenden Spiele lassen sich mit relativ wenig Aufwand durchführen und eignen sich für Reiter jeden Alters. Es reicht schon, wenn Sie mit Ihrem Pferd mal etwas anderes ausprobieren wollen. Ob Sie die Spiele ansonsten „einfach so" mit Ihren Reiterkollegen durchführen, einen festen Spieletag pro Woche einplanen oder gleich ein Reiterfest veranstalten, bleibt dabei natürlich Ihnen überlassen.

Pferde raten

Jedes Pferd ist anders, keine Frage! Wahrscheinlich kennen Sie zumindest die, mit denen oder deren Besitzern Sie öfter zu tun haben, recht gut. Farbe, Größe und Abzeichen sind relativ untrügliche Kennzeichen. Doch wie sieht es aus, wenn Sie die Pferde mit verbundenen Augen ertasten sollen?

Zubehör

Abgesehen von einem Tuch, mit dem Sie die Augen Ihres Mitspielers verbinden können, brauchen Sie für dieses Spiel keine besonderen Materialien. Praktisch ist ein langer Zaun, an dem Sie die Pferde in einer Reihe mit genügend großem Sicherheitsabstand anbinden können. Achten Sie auf ausreichend Raum zum Ausweichen, wenn Sie in Boxen spielen wollen. Theoretisch können Sie natürlich auch auf der Koppel Ihr Glück versuchen, wenn Ihnen dabei nicht die Pferde davonlaufen.

Vorbereitung

Gucken Sie sich zunächst die Pferde genau und vor allem mit anderen Augen an. Achten Sie besonders auf Unterschiede im Fell, bei Mähne und Schweif sowie auf die Größe.

Ob mit Bällen oder Tonnen: Spiele für viele bieten eine willkommene Abwechslung.

Gefühlssache: Das Führen mit verbundenen Augen erfordert eine neue Form der Aufmerksamkeit.

Blinde Kuh

Natürlich sollte man, wenn man mit Pferden zusammen ist, immer gut die Augen aufhaben und darauf achten, was um einen herum geschieht. Aber bei diesem Spiel dürfen Sie sich einmal auf Ihr Gespür verlassen:

Zubehör
Verschiedene Bodenarbeitshindernisse oder zumindest eine vorgegebene Strecke mit Stopps und Kurven.
Für jedes Paar ein Tuch, mit dem einem Spieler die Augen verbunden werden können, oder eine Augenklappe.
Pro Paar/Mannschaft ein Führstrick und eventuell eine Gerte.

Vorbereitung
Einigen Sie sich mit Ihrem Partner darauf, wo links und rechts ist, oder machen Sie eine Geheimsprache aus! Im Eifer des Gefechts bringen selbst Erwachsene diese Begriffe gern durcheinander.

Aufgabe
Jeweils zwei Leute teilen sich ein Pferd. Einem werden die Augen verbunden. Der „Blinde" reitet, der „Sehende" läuft zur Sicherheit nebenher und dirigiert mit seiner Stimme (und nur über die Stimme!) den anderen. Eingreifen darf er natürlich nur im Notfall. Gewertet werden wahlweise die Fehler und/oder die benötigte Zeit.

Variationen

▸ Natürlich kann auch der Blinde führen. Die Stimmkommandos erhält er dann entweder von seiner Mannschaft (wenn Sie in zwei Gruppen – z. B. als Staffel – spielen) oder von seinem sehenden Partner. Der kann entweder mitlaufen oder auf dem Pferd sitzen, wobei die Zügel dann natürlich ganz lang gehalten werden müssen oder auf dem Hals liegen.

▸ Auch ohne Pferde ist dieses Spiel eine schöne Übung, um eine feine und präzise Hilfengebung zu entwickeln. Hierfür werden einem Spieler die Augen verbunden. Der andere führt ihn so durch einen Hindernisparcours oder über eine vorgegebene Strecke. Experimentieren Sie mal damit, ob er nur einen Strick, eine Gerte, die Stimme oder eine Kombination verwenden darf.

Balancierspiel

Nicht alle Reiterspiele müssen geritten werden. Besonders wenn Sie unterschiedlich erfahrene Reiter haben, ist es oft schön, wenn bei einem Spiel die Pferde nur geführt werden. Auch vom Boden sind manche Spiele gar nicht so einfach!

Sie können entweder einen reinen Bodenarbeitswettbewerb machen oder geführte Aufgaben mit gerittenen kombinieren. Wenn Sie gerittene Spiele mit geführten kombinieren, dann können zum Beispiel die besseren Reiter reiten und die Anfänger dürfen führen.

Zubehör

Drei stabile Cavalettis , Strohballen, Eimer oder Reifen zum Balancieren und evtl. ein Regenschirm.

Vorteil für den Reiter mit langen Beinen: Nachdem er über das Cavaletti balanciert ist, steigt er wieder in den Sattel ohne den Boden zu berühren.

*Wer bist du denn? Nicht ganz einfach,
wenn alle Pferde einer Rasse angehören ...*

Vorbereitung

Als Vorbereitung eignen sich alle
Führübungen. Je besser sich die Pferde
führen lassen und je präziser Sie die
Pferde führen und anhalten können,
desto einfacher haben Sie es bei diesem Spiel. Sie können z. B. immer,
wenn Sie ein Pferd führen, daran denken, dass Sie es nicht einfach laufen
lassen, sondern es ganz präzise dirigieren. Auch das Anhalten an einem
bestimmten Punkt lässt sich wunderbar im Alltag üben. Versuchen Sie doch
mal mit Ihren Pferden, sie ganz gezielt
neben Baumstämmen, Mülleimern,
Schildern, Gartentoren, Hindernisstän-
dern, Putzkisten etc. zu stoppen.

Aufgabe

Der Reiter muss über die Cavalettis
oder sonstigen Hindernisse balancieren, während er sein Pferd am Strick
führt. Dabei darf er natürlich nicht mit
den Füssen den Boden berühren oder
das Pferd loslassen.
Hier nun ein paar Anregungen, wie Sie
das Balancierspiel unterschiedlich gestalten können:
▸ Statt der Cavalettis können Sie auch
Eimer, Reifen, Strohballen oder alles,
was stabil genug ist, benutzen.
▸ Wollen Sie diese Aufgabe in einen gerittenen Geschicklichkeitsparcours einbauen, steigen die Reiter direkt vom
Pferd auf das erste Hindernis, balan-

cieren bis zum Ende und steigen wieder aufs Pferd, ohne den Boden zu berühren.

- Machen Sie vorher ab, ob das Pferd beim Führen berührt werden darf oder nicht.
- Sie können beim ersten Cavaletti einen Schirm deponieren, den der Reiter aufspannen, damit über die Stangen balancieren und dann wieder ablegen (oder in einen Eimer stellen) muss.
- Oder Sie machen das Spiel als Staffel mit zwei Gruppen. Dann stehen vor dem Hindernis ein Eimer mit Wasser und ein Becher und dahinter ein leerer Eimer. Jeder Teilnehmer muss nun einen möglichst vollen Becher Wasser vom ersten in den zweiten Eimer befördern. Die Gruppe, die danach mehr Wasser sicher ans Ziel gebracht hat, gewinnt.
- Auch im Gelände können Sie immer wieder über Bänke, Baumstämme usw. balancieren – nicht unbedingt als Wettbewerb, sondern als Balanceübung für Sie und als Gehorsamsübung für Ihr Pferd.

Schwierigkeiten

- Am einfachsten ist es natürlich, wenn die Cavalettis direkt hintereinander in einer Reihe stehen.
- Schwieriger wird es, wenn die Cavalettis versetzt stehen und der Führende keine gerade Linie laufen kann.
- Richtig anspruchsvoll ist es, wenn der Führende von einem Strohballen zum nächsten große Schritte oder gar Hüpfer machen muss.
- Wenn die Pferde nicht mit dem Halfter, sondern auf Trense geführt werden, müssen Sie natürlich besonders darauf achten, dass nicht am Zügel gezogen wird.
- Statt nur in eine Richtung zu laufen, können Sie am Ende eine Wendung einbauen. Dann muss das Pferd um den letzten Strohballen oder das Ende des Cavalettis geführt werden – natürlich ohne dass der Reiter den Boden berührt oder das Pferd loslässt.

Tonnenrennen

Das ganz „normale" Tonnenrennen gehört zu den Klassikern unter den Reiterspielen und wird im Westernsport inzwischen sogar als Turnierdisziplin durchgeführt.
Weil es dabei jedoch oft etwas heiß hergeht und nicht jeder Reiter sein Pferd im schnellen Galopp um die Tonnen dirigieren kann, hier ein paar ruhigere und doch spannende Alternativen.

Tipp **T**

Die Tonnen müssen nicht unbedingt auf einem Reitplatz stehen. Auch ein Wald- oder Feldweg, ein Stoppelfeld oder eine Wiese eignen sich hervorragend. Achten Sie am Anfang darauf, dass die Abstände zwischen den Markierungen groß genug sind, sonst wird es schwierig.

Während der Rest wartet, reitet der Erste zum Eimer, in den er den Inhalt seines Bechers leert.

Die Gruppe gewinnt, deren Eimer am schnellsten voll ist.

Zubehör

Zum Tonnenrennen können Sie außer Tonnen auch Pilonen, Strohballen, größere Eimer oder Stangen verwenden.

Vorbereitung

Eine spezielle Vorbereitung brauchen Sie für diese Spiele nicht. Einfacher ist es natürlich, wie bei allen Spielen, mit „rittigen" Pferden, die sich gut lenken lassen und auf feine Hilfen reagieren. Doch gerade das lernen sie auch bei diesem Spiel.

Aufgabe

Die klassische Variante ist ein Slalom um alle Tonnen herum und wieder zurück. Hier ein paar Anregungen, die Sie zusätzlich probieren können:
- Wer sagt denn, dass beim Tonnenrennen immer der Schnellste gewinnen muss? Wenn jeder Teilnehmer vor dem Spiel die Zeit, die er benötigt, schätzt, gewinnt am Schluss der, der mit der tatsächlichen Zeit am nächsten dran ist – egal in welchem Tempo er geritten ist.
- Sie können die Linienführung abändern, sodass die Teilnehmer um jede Tonne eine Volte machen müssen; auf dem Hinweg z. B. rechte Hand und auf dem Rückweg linke.
- Neben jeder Tonne muss angehalten und das Pferd bei der ersten Tonne einen Schritt rückwärts gerichtet werden, bei der zweiten zwei, bei der dritten drei usw.
- Der Slalom muss mit verbundenen Augen und nur auf Zuruf geritten werden. Probieren Sie diese Variante bitte nur im Schritt aus und sorgen Sie dafür, dass jemand neben dem Pferd herläuft,

Auch für das Tonnenrennen lassen sich Pylonen vielfältig einsetzen.

der im Notfall eingreifen kann. Mit verbundenen Augen auf einem durchgehenden Pferd zu sitzen ist nicht sehr lustig!

▸ Sie können den Slalom auch dadurch schwieriger gestalten, dass die Reiter etwas transportieren müssen, wie z.B. ein Glas Wasser. Aber seien Sie vorsichtig: Viele Pferde trauen sich nicht mehr an die Tonne heran, wenn ein Becher mit Wasser darauf steht! Probieren Sie das lieber zuerst an der Hand aus. Auch wenn Sie Wasser verschütten, kann das Pferd leicht erschrecken. Sie können auch einen Tennisball auf einem Schläger, eine Kartoffel oder ein Ei auf einem Löffel balancieren. Ihrer Fantasie sind keine Grenzen gesetzt. Die Reiter müssen auch nicht unbedingt von Anfang bis Ende das Gleiche transportieren. Wenn sie Dinge auf den Tonnen ablegen und von dort wieder aufheben müssen, wird es noch etwas schwieriger.

▸ Staffel: Sie können das Tonnenrennen auch in zwei Gruppen als Staffel spielen. Dann brauchen Sie natürlich genug Tonnen, um zwei Reihen aufbauen zu können.

▸ Kleiderspiel: Dieses Spiel eignet sich auch für zwei Gruppen. Auf jeder Tonne liegt ein Kleidungsstück, das sich gut vom Pferd aus anziehen lässt. Der erste Reiter zieht sich bei jeder Tonne ein Kleidungsstück mehr an, reitet zurück, gibt sie dem nächsten Reiter, der sie am Start anzieht und an jeder Tonne eines wieder auszieht. Stattdessen kann natürlich auch jeder Reiter die Sachen auf dem Hinweg an- und auf dem Rückweg wieder ausziehen.

Flüsterpost

Bestimmt kennen Sie alle die Flüsterpost, bei der die Teilnehmer im Kreis sitzen und sich einen Satz ins Ohr flüstern. Was dabei am Ende rauskommt, ist nur in den seltensten Fällen das, was am Anfang losgeschickt wurde. Ein ähnliches Spiel können Sie auch zu Pferd spielen.

Zubehör
Eine leere Küchenrolle und etwas buntes Papier, wenn Sie sie verzieren möchten, sowie evtuell Hindernismaterial für einen Parcours.

Vorbereitung

Spannender wird es, wenn Sie ein paar Hindernisse aufbauen oder bestimmte Bahnfiguren oder Regeln vorgeben, damit nicht alle einfach durcheinander reiten. Außerdem sollten klare Regeln aufgestellt werden, was erlaubt ist und was nicht. Dürfen Reiter der anderen Gruppe gestört werden? Oder darf nur gelauscht werden? In welchen Gangarten darf/muss geritten werden?

Aufgabe

Der Spielleiter gibt einem Mitglied jeder Mannschaft einen Zettel, auf dem eine geheime Nachricht steht. Ziel ist es nun, diese Botschaft allen Mitgliedern der eigenen Gruppe zu überbringen, ohne dass die anderen sie erfahren oder zuerst herausfinden. Dabei muss jeder Spieler die Nachricht einmal (und nicht öfter) gehört und weitergegeben haben. Sie können sel-

Trotz Größenunterschied: Wenn die Pferde so lieb nebeneinander herlaufen, lässt sich die Nachricht gut weitergeben.

...ber entscheiden, ob beide Mannschaften die gleiche Nachricht erhalten oder unterschiedliche. Oder Sie geben nur einer Mannschaft eine Nachricht und die andere muss versuchen, diese herauszufinden.

Natürlich können Sie die Flüsterpost auch mit nur einer Mannschaft spielen. Dann gibt es z. B. folgende Möglichkeit: Machen Sie eine Proberunde, stoppen Sie die Zeit und schätzen Sie, um wie viele Sekunden Sie sich verbessern können.

Pferdewette

An was denken Sie bei dem Wort „Pferdewette"? An Vollblüter, Rennen und viel Geld? Das ist natürlich ein richtiges Geschäft, bei dem große Summen eine Rolle spielen. Doch auch Sie können in Ihrem Stall etwas Rennluft schnuppern.

Zubehör
Je nach Wette brauchen Sie Material für Bodenhindernisse. Das meiste können Sie jedoch ohne besonderes Zubehör spielen.

Vorbereitung
Auch eine Vorbereitung ist nur nötig, wenn Sie die Wette im großen Rahmen veranstalten wollen – also z. B. bei einem Stallfest oder Tag der offenen Tür. Dann brauchen Sie genug Preise, Wechselgeld und Materialien.

Ganz nebenbei ...
... lernen Sie bei diesem Spiel Ihre Pferde besser kennen. Und wenn Sie sie auch im Alltag so gut beobachten, werden Sie ihre Zeichen bzw. ihre Sprache immer besser verstehen.

Aufgabe
Wie bei den richtigen Wetten geben alle Mitspieler einen Tipp ab. Gewinner ist, wessen Vorhersage eintrifft oder am nächsten am Ergebnis ist. Sie können einfach nur aus Spaß an der Freude wetten, um Kleinigkeiten spielen – oder z. B. um den Stalldienst. Hier ein paar Beispiele:

- Sie legen eine einfache Stange oder ein Seil auf den Boden. Der Spielleiter stellt ein Pferd direkt oder in einiger Entfernung davor. Mit welchem Bein tritt es zuerst über die Stange?
- Wie viele Schritte macht das Pferd zwischen zwei markierten Punkten?
- Auf der Weide oder im Stall: Welches Pferd trinkt als Nächstes?
- Zur Fütterungszeit: Welches Pferd wiehert als Erstes? Welches ist als Erstes/Letztes mit dem Fressen fertig?
- Natürlich können Sie auch auf einem Ausritt kleine Wetten einbauen. Wie viele Schritte Ihr Pferd bis zur nächsten Wegkreuzung macht, wie lange Sie für eine bestimmte Wegstrecke benötigen, wie viele Pferde, Kühe, Hunde oder Menschen Sie unterwegs treffen.

Plastikspiele

Beim Reiten im Wald oder auf dem Reitplatz begegnet man immer wieder Plastiktüten, die plötzlich über den Weg geweht werden oder sich heimtückisch im Gebüsch verstecken. Warum sich also jedes Mal darüber ärgern, dass das Pferd erschrickt, anstatt ein lustiges Spiel daraus zu machen?

Wichtig

Führen Sie Ihr Pferd unbedingt erst über die Plane, bevor Sie es darüber reiten.

Zubehör

Plastikplanen (möglichst stabil, evtl. Silofolie) oder Streifen in verschiedenen Größen und Steine, Stangen, Sand oder ähnliches, womit Sie die Planen beschweren können. Eventuell brauchen Sie auch zwei Tonnen

Vorbereitung

Da sich viele Pferde vor Plastikfolien fürchten, empfehle ich Ihnen, sie langsam an die neuen Aufgaben heranzuführen, bevor Sie sie vom Sattel aus probieren.
Wie immer, wenn das Pferd sich vor etwas Neuem fürchtet, ist es wichtig,

Tipp

Am Anfang ist es natürlich sicherer, auf einem eingezäunten Platz zu üben. Später können Sie dieses Spiel aber an alle möglichen und unmöglichen Stellen verlagern.

selbst ganz ruhig und bestimmt zu bleiben, und dem Pferd Zeit zum Überlegen zu lassen und die Aufgabe in kleine Schritte zu zerlegen. Achten Sie auch auf einen rutschfesten Untergrund, damit Ihr Pferd nicht stürzt, wenn es einmal zur Seite springt.
Sie können ihm die Plane auch mit etwas Futter schmackhafter machen.

Aufgabe

Je nachdem, was für Folienstücke Sie finden, können Sie ganz unterschiedliche Hindernisse daraus basteln. Hier ein paar Anregungen:
Drüber: Am besten ist es, wenn Sie zwei Planen haben, die Sie v-förmig auf den Boden legen. Anfangs reiten Sie dazwischen durch und legen sie dann immer näher zusammen, bis die Pferde ohne zu zögern über ein zusammenhängendes Stück Plane gehen.

Später können Sie dann auch auf der Plane anhalten, eine Vorhandwendung machen oder eine Volte reiten.

Drunter durch: Den Flattervorhang kennen Sie wahrscheinlich alle! Es ist jedoch nicht ganz einfach, ihn sicher, hoch genug und stabil zu befestigen. Hängen Sie doch stattdessen eine Plane oder ein paar Folienstreifen über einen Ast oder lassen Sie sie von zwei Erwachsenen, die sich am besten auf zwei Kübel stellen, halten.

(Da)zwischen durch: Hierfür brauchen Sie entweder genug Leute, die die Plastikstücke halten, oder Sie hängen eine Plane über einen Zaun; wer am nächsten daran vorbeireiten kann, gewinnt.

Planentransport: Der Reiter muss zwischen zwei Tonnen anhalten und ein Stück Plane von der einen Tonne über den Pferdehals hinweg auf die andere legen.

Schwierigkeiten

Erstes Kriterium ist, wie vertrauensvoll das Pferd an die Aufgabe herangeht. Je flüssiger es sie erfüllt, desto mehr Punkte. Als weitere Abstufungen können Sie Folgendes probieren:

Fangen Sie mit den zwei v-förmig ausgelegten Planenstücken an und probieren Sie aus, wie weit Sie sie zusammenschieben können.

Unter Folie durchzureiten wird schwieriger, je tiefer sie hängt oder je dichter der Vorhang ist. Und wenn es stark windet, erschrickt Ihr Pferd auch schneller vor der herumwehenden Plane.

Bei der Plastikgasse können Sie verschiedene Materialien benutzen und den Abstand variieren.

Statt die Plane nur von einer Tonne auf die andere zu legen, können Sie auch eine bestimmte Strecke oder einen Hindernisparcours damit absolvieren.

Wenn sich Ihr Pferd an den großen bunten Gymnastikball gewöhnt hat, können Sie sogar gemeinsam Fußball spielen.

Fang den Hut

Nein, ich meine nicht das Brettspiel, bei dem jeder Spieler fünf Hüte einer Farbe besitzt und sie über die seiner Gegner stülpen muss. Bei Fang den Hut zu Pferde haben Sie nämlich selber die Hüte/Mützen auf.

Zubehör

Für dieses Spiel benötigen Sie mindestens einen Hut/eine Mütze; für die Mannschaftsvariante sogar so viele Kopfbedeckungen, wie Mitspieler vorhanden sind. Wenn Sie keine alten Mützen auftreiben können, können Sie auch Hüte aus Papier falten. Die wehen allerdings im Eifer des Gefechts leicht davon. Eine Stoppuhr und ein Schiedsrichter sind gegebenenfalls auch nicht schlecht.
Einen Reitplatz oder eine Halle brauchen Sie hingegen nicht. Ein Stoppelfeld, eine gemähte Wiese oder jede große freie Fläche eignen sich. Vergessen Sie jedoch nicht, den Bauer bzw. Besitzer des Grundstücks zu fragen!

Vorbereitung

Gut lenkbare Pferde sowie eine gewisse Beweglichkeit und Geschick der Reiter sind bei diesem Spiel von Vorteil.

Aufgabe

Das Prinzip ist einfach: Ein Spieler setzt sich die Mütze/den Hut auf, die anderen versuchen ihm diesen abzujagen. Gelingt dies, setzt der Fänger ihn sich selber auf und wird nun zum Gejagten. Gewinner ist derjenige, der entweder die Kopfbedeckung in einer bestimmten Zeit am häufigsten ergattert

hat oder sie die längste Zeit am Stück aufhatte. Wenn es ein richtiger Wettkampf sein soll, brauchen Sie einen Schiedsrichter mit Stoppuhr.

Variationen

Sie können eine bestimmte Gangart vorgeben oder z. B. bestimmen, dass immer nur einer den Mützenträger „bedrängen" darf.

Natürlich kann auch jeder einen Hut tragen und gegen jeden spielen. Gewinner ist, wer nach einer vorher bestimmten Zeit die meisten Hüte gesammelt hat – oder wer, bei wenigen Spielern, als Erster alle hat. Schneller geht es, wenn die Reiter ohne Hut jeweils ausscheiden müssen.

Bei der „Mannschaftsvariante" tragen alle einen Hut, wenn möglich jede Gruppe in einer anderen Farbe. Und dann haben Sie verschiedene Möglichkeiten: Bevor es losgeht, stellen sich z. B. die Roten auf der einen Seite der Bahn oder des Geländes auf, die Grünen auf der anderen. Hinter ihnen befindet sich jeweils ihr Lager von ungefähr einem Meter Breite, das mit Stangen oder einem Seil gekennzeichnet sein kann. Beim Anpfiff reiten sie aufeinander zu und versuchen sich gegenseitig die Mützen abzunehmen. Gelingt dies, wird die „geraubte" Mütze ins eigene Lager gebracht. Der Reiter ohne Kopfbedeckung muss zurück in das Lager der eigenen Mannschaft reiten. Erlöst wird er, indem es einem

Zwei Sicherheitshinweise, die Sie bei diesem Spiel unbedingt beachten sollten!

○ 1. **Wie immer sollten Sie auch bei diesem Spiel eine Reitkappe tragen. Wählen Sie einfach Mützen, die groß genug sind, sodass sie darüber angezogen werden können.**

○ 2. **Im Schritt lässt sich dieses Spiel mit fast allen Reitern und Pferden, sofern sie nicht gerade schlagen, sicher durchführen. Ist die Gangart jedoch frei wählbar und steht Ihnen zusätzlich noch viel Platz zur Verfügung, kann es manchmal sehr schnell zu- und hergehen. Deshalb eignet sich diese Variante nur für geübte Reiter und gehorsame Pferde, die sich auch in unruhigen Situationen sicher lenken und bremsen lassen.**

Reiter gelingt, seinen Hut aus dem „feindlichen" Lager zurückzurauben und ihm zu bringen. Das Spiel endet, wenn eine Mannschaft ohne Kopfbedeckung dasteht.

Anstatt die geraubte Mütze ins „heimatliche Lager" zu bringen, können sie die Reiter selber aufsetzen und dann für die „neue" Mannschaft mitjagen. Wer als Letztes einer Mannschaft übrig ist, hat gewonnen.

Die Reiter setzen sich die „feindlichen" Farben nicht auf. Dann hat eine Mannschaft gewonnen, sobald die andere keine Mützen mehr hat.

Klopapierrennen

Der Begriff „Rennen" trifft bei diesem Spiel eigentlich nicht so ganz zu. Statt Schnelligkeit erfordert es von den Teilnehmern vielmehr Konzentration und präzises, vorsichtiges Reiten.

Zubehör

Klopapier (je reißfester, desto einfacher wird es!) – Anfänger können auch ein Seil verwenden.
Je nach Parcours unterschiedliche Materialien, z. B. Stangen, Pylonen, Tonnen oder einfach Sägespäne oder Ähnliches, um eine Strecke zu markieren.

Vorbereitung

Eine spezielle Vorbereitung brauchen Sie nicht. Einfacher ist es natürlich mit „rittigen" Pferden, die sich gut lenken und anhalten lassen und auf feine Hilfen reagieren. Reiter, die aufeinander achten, sind genauso wichtig, wie Pferde, die sich gut verstehen. Sonst müssen Sie einen ausreichend großen Abstand einkalkulieren, was die Sache nicht unbedingt einfacher macht.

Aufgabe

Das Prinzip bleibt immer das Gleiche: Zwei Reiter halten je ein Ende von einem Stück Klopapier in den Händen

Beim Klopapierrennen muss die Tonne genau angepeilt werden ...

und müssen eine bestimmte Strecke, einen Parcours oder eine Aufgabe abreiten. Dabei darf das Papier nicht reißen. Sonst gibt's entweder Strafpunkte oder das Paar scheidet aus.
Überlegen Sie sich bitte vorher, welche Pferde gefahrlos nebeneinanderher laufen können. Andernfalls müssen Sie mit zu großen Abständen reiten, damit die Pferde sich nicht streiten. Außdem können Sie verlangen, dass das Papier nicht nur nicht reißen, sondern auch nicht durchhängen darf. Und wer loslässt, scheidet natürlich sofort aus.
Hier nun ein paar Anregungen, wie Sie das Klopapierrennen gestalten können:

▸ Sie können es als Wettbewerb aufbauen, bei dem die Reiter jeweils paarweise gegeneinander starten.
▸ Natürlich können Sie auch Gruppen mit mehr als zwei Reitern starten lassen, die über das Klopapier in Verbindung bleiben müssen. Diejenigen, die auf beiden Seiten einen Partner haben, können entweder beide Enden in einer Hand halten oder sie müssen freihändig reiten.
▸ Oder Sie machen das Klopapierrennen als Staffel: Sie teilen sich in zwei (große) Gruppen auf. Die ersten beiden Reiter beginnen und reiten eine vorgegebene Strecke. Zurück bei der Gruppe

... damit Pferd und Reiter das Hindernis fehlerfrei bewältigen.

Der mittlere Reiter muss gleichzeitig beide Klopapierenden halten und sein Pferd lenken.

wird ein Reiter ausgetauscht – bis die ganze Gruppe einmal geritten ist. Schwieriger wird es, wenn pro Gruppe nur zwei Pferde zur Verfügung stehen und beim Wechseln jeweils ein Reiter absteigen, das Klopapier am Boden übergeben und der nächste mit dem Papier in der Hand aufsteigen muss. Wenn Sie das Ganze nur aus Spaß an der Freude und nicht als Wettbewerb gestalten wollen, bilden Sie einfach keine zwei Staffeln, sondern bleiben in einer Gruppe, innerhalb derer das Papier weitergereicht wird.

Zuletzt noch eine Idee fürs nächste Reiterfest: Wie wäre es mit einer Klopapierquadrille oder einem Pas de deux? Wenn Sie bei der Kostümierung Ihrer Fantasie freien Lauf lassen, haben Sie die Lacher auf Ihrer Seite!

Schwierigkeiten

Wenn Sie unterschiedlich gute Reiter oder schwierige Pferde in der Gruppe haben, können die schwächeren das Klopapier auch doppelt nehmen oder eine Schnur benutzen. Außerdem können Sie den Parcours oder die zu reitende Strecke ja unterschiedlich schwer gestalten.

 Tipp

Spielen und Lernen – zwei Paar Schuhe?
Schwierigere und anstrengende Übungen machen Reiter und Pferd viel mehr Freude, wenn sie mit einem Spiel kombiniert werden. Mit Spiel und Spaß sind sie viel schneller zu motivieren. So lernen Pferd und Reiter spielend leicht völlig neue Übungen.

Ein Wort zum Thema Wettbewerb

○ Reiterspiele haben einen Nachteil: Um den Gewinner festzustellen, brauchen wir eine Maßeinheit. Getreu dem Motto „schneller, höher, weiter" achten plötzlich alle nur noch auf die Zeit. Schönes Reiten, das Wohlergehen der Pferde und nicht zuletzt der Spaß an der Sache bleiben häufig auf der Strecke. Doch das muss nicht so sein. Um einen Sieger zu ermitteln, gibt es zum Beispiel folgende Möglichkeiten:

○ Am bekanntesten ist sicher der Wettkampf auf Zeit. Die Gefahr, dass hierbei auf Kosten der Pferde geritten und gewonnen wird, ist jedoch sehr groß. Eine gute Alternative besteht darin, dass jeder Teilnehmer bzw. die Mannschaft vor dem Spiel die Zeit, die er/sie benötigen wird, schätzen muss. Diese Zeit wird festgehalten und am Ende des Spiels werden die geschätzten Zeiten mit den tatsächlichen verglichen. Gewonnen hat anschließend derjenige, der seiner Zeit am nächsten gekommen ist.

○ Eine andere Möglichkeit ist, eine Höchst- und eine Mindestzeit zu vereinbaren. Wird sie über- bzw. unterschritten, gibt es Strafpunkte. Alle anderen Zeiten, die im Limit liegen, werden nicht gesondert gewertet, es zählen lediglich die Fehler oder erreichten Pluspunkte.

○ Kommen Reiter unterschiedlichen Alters oder Könnens zusammen, können sie unterschiedlich gewertet werden und dennoch gemeinsam reiten: Das Alter oder die Jahre an Reiterfahrung werden bei der erreichten Punktzahl dazugezählt oder abgezogen, so haben alle die gleichen Chancen und die Anfänger können auch einmal gewinnen.

ums Pferd

Sie haben zu wenig Pferde im Stall? Oder Sie wollen Ihren nichtreitenden Freunden mal zeigen, warum Sie so viel Zeit beim Pferd verbringen? Vielleicht wollen Sie auch spielen, während die Pferde den heißen Hochsommer (oder den eiskalten Winter) auf der Weide bzw. im Stall verbringen. Wie dem auch sei, natürlich gibt es auch viele Möglichkeiten, sich rund ums Pferd zu vergnügen, ohne zu reiten. Oft lernt man sogar gerade dann besonders viel über seine vierbeinigen Kameraden ...

Versuch und Irrtum

Bestimmt kennen Sie es alle: das Spiel, bei dem ein Spieler (meist mit verbundenen Augen) etwas suchen muss. Angeleitet wird er nur von den Zurufen der Mitspieler, wobei „heiß" bzw. „heißer" bedeutet, dass er sich dem gesuchten Gegenstand nähert. Bei „kalt" ist er hingegen auf dem Holzweg. Übertragen auf den Umgang mit Pferden bedeutet heiß „gut" bzw. „loben" und kalt „falsch". Etwas umgewandelt lässt sich dieses Spiel also wunderbar gebrauchen, um das richtige Loben zu üben – und Spaß zu haben!

Zubehör
Für dieses Spiel benötigen Sie überhaupt kein Zubehör, ja nicht einmal ein Pferd. Sie können es also überall machen, wenn Sie mindestens zu zweit sind. Was natürlich nicht heißt, dass es

Viel Spaß mit Pferden kann man nicht nur beim Reiten haben.

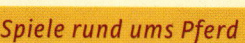

Erraten: Hanne hat verstanden, dass sie über den Stamm balancieren soll, die Gruppe bestärkt sie durch das Klatschen.

nicht viele Varianten mit Pferd, mehreren Mitspielern und allen möglichen Hindernissen gibt...

Vorbereitung

Wichtig ist im Voraus einzig und allein, dass sich der Spieler bzw. die Gruppe absolut darüber im Klaren sind, was von dem anderen verlangt wird! Sonst wird das Ganze schnell verwirrend.

Aufgabe

Ein Spieler, nennen wir ihn A, überlegt sich für Mitspieler B eine Aufgabe, wie z.B. auf einen Strohballen klettern, zu einem Pferd gehen und es streicheln, die Schubkarre holen und zum Misthaufen fahren. Sie können sich je nach Umgebung alle möglichen Dinge überlegen; wichtig ist nur, dass B dazu in der Lage ist und dass es nicht unange-

nehm oder peinlich für ihn ist. Dann fängt B an auszuprobieren. Macht er eine richtige Bewegung bzw. läuft in die gewünschte Richtung, schnalzt A oder sagt „gut", „brav", „ja" oder etwas Ähnliches. Wichtig ist nur, dass es immer das gleiche „Lob" ist und sofort eingestellt wird, wenn B auf dem Holzweg ist – und sofort wieder anfängt, wenn er wieder etwas korrekt macht. Ein Tipp noch: Je langsamer B ausprobiert, was von ihm verlangt wird, anstatt gleich loszustürmen, desto besser kann A ihn unterstützen.

Variationen

Wenn Sie in einer Gruppe spielen, können entweder immer zwei ein Paar bilden. Oder ein Mitspieler begibt sich außer Sicht- und Hörweite, während die Gruppe sich für ihn eine Aufgabe überlegt. Wenn er zurückkommt, bestätigen ihm die anderen durch Klatschen, dass er auf dem richtigen Weg ist. Sobald er in die falsche Richtung läuft oder eine falsche Bewegung macht, hört die Gruppe auf zu klatschen und beginnt erst wieder damit, wenn er etwas richtig macht.

Wenn Sie einen Platz mit Hindernissen zur Verfügung haben, können Sie sich auch einen Parcours überlegen, den der Betreffende ablaufen muss. Spannend wird es auch, wenn man etwas Ungewöhnliches verlangt: Wer sagt denn, dass man nicht auch einmal quer über die einzelnen Stangen eines Laby-

Tipp

Vom richtigen Loben

Sie lernen ganz nebenbei, im richtigen Augenblick zu loben. Bestimmt ist es auch Ihnen lieber, für das Richtige gelobt zu werden, als wenn jemand dauernd auf Ihnen rumhackt und nur das Schlechte sieht. Pferden geht es genauso. Das Gefühl, wenn ein paar aus der Gruppe aufhören zu klatschen, während der Rest eifrig weitermacht, ist schrecklich! Vielleicht achten Sie dann in Zukunft etwas besser darauf, was Sie von Ihrem Pferd wollen, und überlegen sich vorher, wie Sie ihm das begreiflich machen.

rinthes laufen soll statt zwischen den Stangen durch?

Natürlich lässt sich dieses Spiel auch mit Pferden spielen. Dann überlegen Sie sich einfach eine Aufgabe, die mit dem Pferd bewältigt werden muss (z. B. das Pferd eine bestimmte Strecke führen, aufsteigen und auf der anderen Seite wieder absteigen, besondere Bahnfiguren reiten usw.). Achten Sie aber immer darauf, dass die Aufgabe, die sie stellen, nicht übermäßig schwierig ist bzw. dass das Pferd nicht unter allzu vielen Irrtümern und dem damit verbundenen „Hin und Her" leidet.

Beim Tunnelspiel hält ein Mitspieler den Reifen fest,

damit sein Partner hindurchkriechen kann,

Hindernisparcours
für Menschen

Wer sagt eigentlich, dass sich immer nur die Pferde anstrengen müssen? Warum sollen nicht die Menschen auch mal einen Parcours absolvieren? Bei diesen Spielen geht es deshalb vor allem darum, die Fitness zu testen. Wie gut die einzelnen Teilnehmer reiten können, spielt hingegen kaum eine Rolle.

Zubehör
Im Prinzip können Sie alles verwenden, wonach Ihnen der Sinn steht. Am besten, Sie schauen, was Sie auf dem Hof haben. Besonders zu empfehlen und einfach zu beschaffen sind solche Dinge aus dem täglichen Alltag wie z. B. Treckerreifen, Strohballen, gebrauchte Hufeisen, Schubkarre, Wasser(eimer) oder Hindernisse, die sonst zum Springen verwendet werden.

Vorbereitung
Endlich mal ein Spiel, bei dem die, die regelmäßig im Stall ausmisten, bevorzugt werden. Wieso? Nun, sie haben bestimmt eine bessere Kondition, oder?

Aufgaben
Wie der Parcours aussieht, bestimmen Sie alleine – je nach vorhandenem Platz und Material. Hier ein paar Anregungen:

▸ **Tunnelspiel:** Möglichst schnell durch einen oder mehrere Reifen kriechen.

▸ **Strohballenwettstapeln:** Wer baut den höchsten Turm aus Strohballen? Oder wer stapelt in einer vorgegebenen Zeit die meisten Ballen?

▸ **Hufeisen werfen:** In etwa zwei Meter Entfernung von der Wurflinie wird ein Stock in den Boden gebohrt. Die Teilnehmer versuchen, mit Hufeisen

darauf zu zielen. Anschließend werden Punkte vergeben (z.B. Hufeisen legt sich um den Stock: drei Punkte, Hufeisen berührt den Stock: zwei Punkte, Hufeisen liegt nicht weiter als 10 cm vom Stock entfernt: einen Punkt). Als Variante können die Teilnehmer je nach Alter aus unterschiedlicher Entfernung werfen.

Schubkarrenrennen: Damit die nicht reitenden Partner ein Gefühl dafür bekommen, was es heißt, volle Schubkarren zu schieben, können sie „ihre" Reiter über eine bestimmte Strecke oder durch einen festgelegten Parcours transportieren. Im Sommer gibt es hierzu noch eine lustige Alternative: Haben Sie schon mal versucht, Wasser in einer Schubkarre zu transportieren? Wer mit einer Fuhre (oder in einer bestimmten Zeit) am meisten Flüssigkeit aus Tonne A in Tonne B transportiert, hat gewonnen.

Wettmisten: Alle im Stall sind zwar überzeugt, dass die Koppeln regelmäßig abgesammelt werden müssen, so richtig Lust dazu hat aber doch keiner? Machen Sie doch mal einen Sammelwettbewerb! Derjenige, der als Erstes eine volle Schubkarre hat, darf aufhören. Oder der, der am Schluss die meisten Schubkarren gefüllt hat, kriegt von den anderen einen Drink spendiert oder braucht nächste Woche nicht zu misten.

Variationen

Schwieriger wird es natürlich, wenn der/die Reiter ein Pferd mitführen müssen.
Solche Aufgaben eignen sich besonders gut, wenn Sie – z. B. bei einem Stallfest – die nicht reitenden Freunde oder Verwandten integrieren wollen. Sie können sogar ein Spiel ausschreiben, bei dem ein reitender und ein nicht reitender Partner gemeinsam starten.

Rasse – Pflege – Zucht

Haben Sie früher in Schulpausen auch „Stadt – Land – Fluss" gespielt? Für Pferdefreunde gibt es eine Extravariante. Statt Städten und Gewässern wählen Sie einfach Begriffe aus der Welt der Pferde (z.B. Rasse, Pflege, Zucht, Fütterung). Ansonsten bleiben die Spielregeln die gleichen. Jeder Teilnehmer zeichnet sich eine Tabelle mit den vorher abgesprochenen Begriffen. Ein Mitspieler beginnt leise das ABC durchzugehen, ein anderer sagt an beliebiger Stelle Stopp. Der dabei „getroffene" Buchstabe dient nun als Anfangsbuchstabe. Mit ihm müssen alle Mitspieler je ein Beispiel zu den gewählten Begriffen finden. Hat dies der erste Mitspieler geschafft, ist die Runde beendet. Bei der Auswertung,

Rasse-Pflege-Zucht – die Stadt-Land-Fluss-Variante für Reiter

bekommt man für jedes Wort 20 Punkte, wenn niemand sonst für diesen Buchstaben ein Beispiel gefunden hat, zehn Punkte, wenn auch andere Wörter gefunden wurden und fünf Punkte, wenn noch jemand genau das gleiche Wort hat. So wird mit verschiedenen Buchstaben verfahren. Wer Zeit und Lust hat, kann im Prinzip das ganze ABC durchgehen. Am Schluss werden alle Punkte zusammengezählt und der Gewinner bestimmt.

Von A bis Z

Ein weiteres Spiel, das neben fundiertem Pferdewissen ein großes Maß an Kreativität verlangt, ist „Von A bis Z". Hierfür werden mindestens zwei Spieler und ein Spielleiter benötigt. Letzterer bestimmt einen Buchstaben und

Rasse	Pflege	Reitweise	Futter	Farbe	Krankheit	Punkte
Hannoveraner	Hufe waschen		Hafer	Hellbrauner	Husten	35
Welsh	Waschen	Western	Weizen	Weiß	Würmer	40
Dülmener	Duschen	Dressur		Dunkel-Fuchs	Druse	50
Shetty	Striegeln	Spanisch	Stroh	schimmel	Spat	50
Groninger	Ganaschen bürsten	Gangpferde-reiten	Gras	Grauschimmel	Gelenks-arthrose	

Grüne Verlockung: Die Herausforderung für den Menschen in der Schubkarre besteht darin, das Pferd vom Fressen abzuhalten, während sein Partner die Muskeln spielen lassen muss.

teilt diesen den anderen mit. Dann überlegt er sich Oberbegriffe, die mit Pferden oder Reiten zu tun haben. Oder er wählt einen Satzanfang, bei dem ein Wort ergänzt werden muss. Der Punkt geht an denjenigen, dem zuerst ein Begriff mit dem passenden Buchstaben einfällt. Hier ein paar Vorschläge für den Buchstaben S:
Rasse → Shetty, Shire Horse, Shagya ...
Farbe → Schimmel, stichelhaarig ...
Krankheit → Sommerekzem, Spat ...
Oder auch „Mit meinem Pferd gehe ich

am liebsten zum ...“ Obwohl der Spielleiter vielleicht an eine ganz konkrete Lösung (in diesem Falle Springturnier) gedacht hat, sind natürlich alle Lösungen, die Sinn machen, erlaubt (also auch Skijöring oder Sechstageritt). Manchmal kommt es dabei auch zu überraschenden Wendungen. So bot bei uns bei diesem Spiel jemand die Vorlage „Heu und Stroh kauft man in ...“ an. Er selber dachte an „Ballen“, aber heraus kam dann „Heu und Stroh kauft man in Bayern.“

*Gespitzte Ohren, strahlender Gesichts-
ausdruck: Welche Emotion bringen die
beiden zum Ausdruck?*

Stallrallye

Ein ganz tolles Spiel (nicht nur) bei
schlechtem Wetter, das allerdings
etwas Vorbereitung erfordert, ist eine
Stallrallye. Die kann entweder unter
einem bestimmten Thema stehen (In-
dianer, Walt Disney, Filme und Musik),
ganz speziell auf die jeweilige Anlage

bezogen sein (macht besonders bei
größeren Stallungen Sinn) oder sich
insgesamt um das Thema Pferde und
Reiten drehen. Steht die Veranstaltung
unter einem bestimmten Motto, können sich die „Nichtpferdeleute" z. B.
Fragen zu dem Thema ausdenken, die
erwachsenen Reiter ein paar Spiele,
während die Kinder sich und die Pferde

schmücken. So lassen sich auch verregnete Ferientage zum Vergnügen aller organisieren. Zum Thema Pferde und Reiten eignet sich eine Schnitzeljagd, die geführt oder geritten werden kann. Unterwegs müssen Aufgaben gelöst, Fragen beantwortet und Gegenstände gesammelt werden. Neben dem Dauerbrenner vierblättriges Kleeblatt eignen sich Blätter bestimmter Bäume, Blüten und leider auch Dinge wie leere Dosen. Natürlich können die Aufgaben und Fragen auch so gestaltet werden, dass jeweils ein Reiter und ein Nichtreiter als Team starten.

Findet die Rallye rund um die Anlage statt, bieten sich besonders Such- und Zählaufgaben an. Hier ein paar Vorschläge:

- Wie heißt das größte/kleinste Pferd auf dem Hof?
- Wie viele Pferde ohne/mit Eisen stehen hier?
- Wie viele Sättel hängen in der Sattelkammer?
- Was wiegt ein Mischfutter-/Hafersack?
- Wie viele Pferde haben kein Abzeichen?
- Wie vieleSchimmel gibt es?
- Wie viele Pfosten hat der Reitplatz?
- Welches Pferd hat die längste Mähne?
- Wie viele Schwalben-/Vogelnester findet ihr?

Anschließend werden auf jeden Fall alle Beteiligten Haus, Hof und Pferde besser kennen als vorher!

Pantomime

Zeichnen oder kopieren Sie Pferdekörper oder -porträts, die deutlich eine bestimmte Emotion zum Ausdruck bringen. Jeder Teilnehmer darf nun ein Kärtchen ziehen und muss die darauf abgebildete Emotion pantomimisch darstellen. Nachdem die anderen erraten haben, was gezeigt werden sollte, können Unterschiede und Gemeinsamkeiten in der Ausdrucksweise von Pferd und Mensch diskutiert werden.

Memory

Wahrscheinlich kennen Sie aus Kindertagen noch das Memoryspiel, bei dem zwei gleiche Kärtchen gefunden werden müssen. Für die pferdige Variante benötigen Sie Abbildungen von verschiedenen Emotionen – und zwar jeweils eine vom Pferd und eine vom Menschen. Diese kleben Sie auf gleich große und farbige Kärtchen.

Tipp

An verregneten oder sehr heißen Tagen kann man sehr gut die Karten für Pantomime und Memory selbst gestalten. Besonders Kinder finden es klasse, sich und ihr Lieblingspferd zu malen.

Spaß macht

Wir müssen lernen mit den Pferden angemessen zu kommunizieren. Neben einer klaren Hilfengebung sind dafür auch Kenntnisse in „Pferdisch" hilfreich. Dafür sind Sie auf Ihre Beobachtungsgabe angewiesen. Dabei werden Sie wahrscheinlich feststellen, dass die Körpersprache von Mensch und Pferd so unterschiedlich gar nicht ist.

Mit Pferden schwimmen

Mit seinem Pferd in einem See schwimmen zu gehen – besonders im Sommer der Traum jedes (nicht nur) jugendlichen Pferdefans. Die Realität sieht jedoch meistens anders aus. Viele Pferde lassen sich nicht einmal mit dem nassen Schwamm berühren oder die Beine abspritzen und fürchten sich schon vor der kleinsten Pfütze – ganz zu schweigen von einem Bach oder See. Dabei kann mit etwas Geduld jedes Pferd lernen, ins Wasser zu gehen und sich abspritzen zu lassen. Die meisten bekommen nach einer Weile sogar richtig Spaß an der Sache – was nicht heißt, dass aus jedem Pferd eine Wasserratte werden muss.

In den meisten Fällen scheitern Schwimmabenteuer schlicht und ergreifend daran, dass kein geeignetes Gewässer in erreichbarer Nähe vorhanden ist. Dafür, Ihr Pferd gar nicht erst ans Wasser zu gewöhnen, ist dies jedoch eine schlechte Ausrede. Erstens schadet es keinem Pferd, wenn es möglichst viele Dinge lernt. Das erhöht unter anderem die Flexibilität von Pferd und Mensch. Zweitens sind Sie spätestens, wenn ein Bein aus medizinischen Gründen gekühlt werden muss oder Sie im Gelände einem Bach begegnen, den Sie durchqueren wollen, froh, wenn Ihr Pferd sich anständig benimmt. Ganz abgesehen davon, dass es lästig ist, wenn das Pferd jeder (echten und ein-

Eine Weile Pferd sein: macht Spaß und fördert das Verständnis für den vierbeinigen Freund.

gebildeten) Pfütze auf dem Ausritt ausweicht!

Das, was Sie brauchen, um Ihr Pferd wasserfest zu machen, ist in fast jedem Stall vorhanden und ansonsten einfach zu besorgen:

- ein Eimer,
- ein Schwamm oder Tuch,
- evtl. ein Schlauch,
- zwei Stücke Plastikplane, mindestens ein Meter mal ein Meter: Das muss nicht unbedingt blau sein, durchsichtige Kunststoffplanen erinnern oft viel eher an reflektierendes Wasser.

Schritt für Schritt mit Vertrauen

Vielleicht kennt und beherrscht Ihr Pferd schon einige der vorgestellten Übungen. Vergewissern Sie sich jedoch im Zweifelsfalle noch mal, dass ihm alle Schritte vertraut sind. Nur weil Ihr Pferd beim letzen Orientierungsritt nach stundenlangem Herumirren so müde war, dass es den Bach übersehen hat und ohne Protest der Gruppe hinterhergestiefelt ist, heißt das noch lange nicht, dass es vor Wasser keine Angst hat.

Wenn Sie nun mit Ihrem ängstlichen Pferd üben, denken Sie daran: Auch wenn ich bei Pferden in der Regel für ein langsames und behutsames Vorgehen plädiere, heißt das nicht, dass Sie Wochen oder Monate benötigen, bis sich Ihr Pferd duschen lässt. Bei einem Pferd, das keine schlechten Erfahrun-

Therapie für unsichere Pferde: Mit einem erfahrenen Freund an der Seite ist das Wasser gleich nicht mehr so unheimlich.

Prägen Sie sich, bevor Sie beginnen, zwei Grundregeln ein:

○ 1. **Loben Sie Ihr Pferd für alles, was es richtig macht, und ignorieren Sie, wenn möglich, die Fehler.**

○ 2. **Schaffen Sie sich optimale Voraussetzungen. Bauen Sie jeden neuen Schritt sauber auf und scheuen Sie sich nicht, wenn etwas nicht klappt, einen Schritt zurückzugehen.**

gen mit Wasser gemacht hat, können die einzelnen Punkte im Schnelldurchgang und an einem Nachmittag abgehakt werden. Sind Sie oder Ihr Pferd unsicher, können Sie sich jedoch auch mehr Zeit lassen und das Programm über mehrere Tage oder Wochen ausdehnen.

Wasserspaß Schritt für Schritt

Machen Sie Ihr Pferd als Erstes mit Eimer, Schwamm und Schlauch im trockenen Zustand vertraut. Lob, Streicheln und eventuell Futter wecken sein Interesse und mindern die Angst. Bewährt hat sich z. B. folgendes Vorgehen:

Streichen Sie Ihr Pferd, nachdem Sie ihm den Schwamm gezeigt haben, am ganzen Körper damit ab. Zeigt es ein Zeichen von Unsicherheit, machen Sie ruhig und bestimmt weiter. Sobald es sich entspannt, nehmen Sie den Schwamm weg und loben es. Wichtig ist, dass die Bestätigung (und schon das Fortnehmen des Schwamms ist eine Bestätigung) wirklich erst dann erfolgt, wenn das Pferd ruhig wird/ist. Beenden Sie einen Reiz, egal ob dies nun die Berührung mit dem Schwamm oder irgendetwas anderes Furchteinflößendes ist, bevor das Pferd die gewünschte Reaktion zeigt, bestärken Sie genau das falsche Verhalten. Sie bringen ihm also bei, dass es nur lange genug rumhampeln muss, damit der Schwamm endlich verschwindet.

Akzeptiert Ihr Pferd die Berührung mit dem trockenen Schwamm, können Sie einen Schritt weiter gehen. Machen Sie den Schwamm erst ein bisschen und dann immer mehr nass. Bleiben Sie, auch wenn alles gut klappt, bei den kleinen Schritten. So überfordern Sie ihr Pferd nicht, und Sie behalten beide Spaß an der Sache. Sollte Ihr Pferd trotzdem an irgendeiner Stelle Probleme haben, arbeiten Sie noch mal am vorigen Schritt, bevor Sie die Anforderungen erhöhen.

Ist Ihr Pferd so weit mit dem Wasser vertraut, dass es sich mit einem

Wichtig **W**

Das Ziel vor Augen

Wichtig ist, dass Sie das Ziel nicht aus den Augen verlieren und darauf hinarbeiten.

So gewöhnen sich auch Angsthasen ans Wasser: Man darf erst am Schwamm schnuppern, bevor dieser nass gemacht wird.

Auch der Wasserschlauch ist bei näherer Betrachtung nur noch halb so gefährlich.

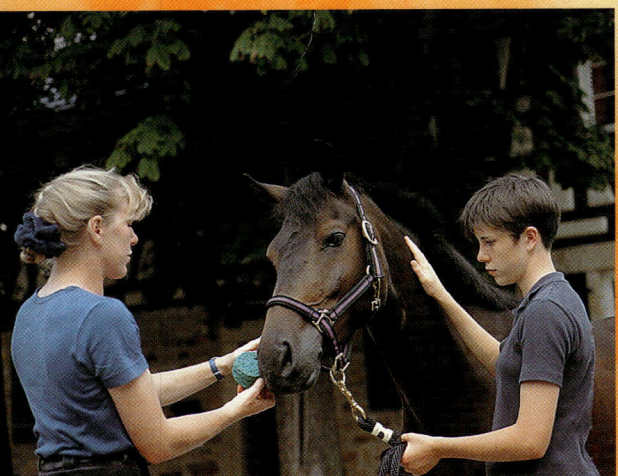

Tipp

In der Regel lassen sich schwierige Übungen – zumindest anfangs – besser vom Boden aus absolvieren.

klatschnassen Schwamm abwaschen lässt, können Sie den nächsten Punkt in Angriff nehmen.

Einen Gartenschlauch finden die meisten Pferde schon im trockenen Zustand viel gefährlicher als einen Schwamm. Sollte Ihr Pferd schon bei deren Anblick in blankes Entsetzen ausbrechen, reduzieren Sie die Anforderungen und streichen es zuerst mit einer Gerte, einem kurzen Stück Schlauch, einem Seil oder allem, was im Entferntesten an den Schlauch erinnert, ab. Denken Sie auch hier wieder daran, mit dem betreffenden Gegenstand am Pferd zu bleiben, bis es sich beruhigt hat, und es erst dann zu loben.

Das Wasser stellen Sie bitte erst an, wenn Ihr Pferd ruhig stehen bleibt, obwohl Sie neben ihm mit dem Schlauch hantieren und sich am ganzen Körper damit berühren lässt. Beginnen Sie mit dem Abduschen von unten nach oben

und von vorne nach hinten. So fassen die Pferde meist am schnellsten Vertrauen. Duschen Sie beim ersten Mal nicht so lange, sondern geben Sie sich mit kurzen Reprisen zufrieden.

Plane statt Wasser

Nicht jeder hat in Stallnähe eine geeignete Wasserstelle, in bzw. durch die er mit seinem Pferd reiten kann. Trotzdem können Sie einige Trockenübungen absolvieren, die Sie und Ihr Pferd auf den Fall vorbereiten, dass Sie eines Tages auf eine solche treffen. Voraussetzung hierfür ist natürlich, dass Ihr Pferd sich gesittet führen lässt. Ansonsten benötigen Sie nicht mal einen Platz oder eine Halle.

Ihre beiden Plastikplanen können Sie auch V-förmig auf eine Wiese oder einen Waldweg legen.

Als Faustregel gilt: An der engsten Stelle ein Meter, wobei ein bisschen mehr

weniger schlimm ist als zu wenig. Führen Sie Ihr Pferd nun von der breiteren Seite her kommend GERADE zwischen den Planen durch. Pferde, die Angst haben, werden dabei anfangs oft schneller. Achten Sie darauf, dass Sie trotzdem weit genug vorne bleiben, und bremsen es hinter dem Hindernis ruhig und bestimmt. Versuchen Sie nicht, es übertrieben festzuhalten. Es könnte sich sonst seiner Fluchtmöglichkeit beraubt fühlen und noch vehementer stürmen. Andere Pferde hingegen wollen vor der Plane anhalten und sie beschnuppern. Lassen Sie das zu. Geht Ihr Pferd schließlich ruhig zwischen den beiden Planen durch, können Sie anfangen, es dazwischen zu stoppen und einzelne Schritte vor und zurück zu verlangen. Auch wenn Sie das im Wasser wohl nie benötigen werden, fördert es das Selbstbewusstsein und Vertrauen Ihres Pferdes. Und

je öfter Sie mit Ihrem Pferd unterschiedliche Dinge ausprobieren, desto weniger Angst wird es vor Neuem zeigen und desto vertrauensvoller wird es an neue Aufgaben herangehen. Zusätzlich zum Anhalten beginnen Sie allmählich die Planenstücke immer näher zusammenzuschieben, bis ihr Pferd nicht mehr zwischendurch, sondern darüber geht. Bei manchen Pferden ist das eine Sache von wenigen Minuten, bei anderen lassen Sie sich vielleicht lieber ein paar Tage Zeit. Geht Ihr Pferd im Schritt ruhig über die Plane und lässt sich davor, darauf und dahinter anhalten, können Sie die Übung noch ausbauen, indem Sie es rückwärts oder im Trab und schließlich unter dem Reiter darüber gehen lassen. Außerdem empfiehlt es sich, die Folie an verschiedenen Stellen auszulegen. Denn was auf dem heimischen Reitplatz ungefährlich ist, kann im

*Der Traum an jedem heißen
Sommertag: ein Bad im See*

Gelände hinter der berühmten Kurve immer noch furchtbar bedrohlich wirken.

Parallel zum Planentraining oder anschließend gibt es noch eine zweite Übung, die Sie mit Ihrem Pferd (fast) überall machen können. Suchen Sie sich bewusst Pfützen oder auch nur nasse Stellen, egal ob auf dem Hof, im Gelände oder mit Hilfe des Wassereimers auf dem Reitplatz hergestellt. An diesen „Miniaturgewässern" können Sie Ihr Pferd mit geringen Wassermengen auf den Ernstfall vorbereiten.

Ihr Pferd geht aber im Gelände nicht durch Pfützen durch, sondern schlängelt sich lieber darum herum? Denken Sie an das, was Sie bei den Plastikplanen gelernt haben: Gehen Sie immer gerade auf die nassen Stellen zu (oder gezielt dazwischen durch), führen Sie evtl. zu zweit oder verwenden Sie eine optische Begrenzung (Stangen, Seile etc.), die Sie v-förmig auf die Pfütze hinführen. Außerdem hilft es oft schon, wenn Sie sich vorstellen, Ihr Pferd wie auf Schienen und somit absolut gerade zu führen.

Absolviert Ihr Pferd all diese Übungen ohne Probleme, können Sie es sicher kaum erwarten, mit ihm auch in einen richtigen See oder zumindest Bach zu kommen. Optimalerweise werden Sie von anderen Pferden begleitet, die das

Gewässer kennen und problemlos hineingehen. Achten Sie jedoch darauf, dass Ihr Pferd trotzdem genug Zeit hat, sich mit dem Wasser vertraut zu machen. Wenn es am Rand erst anhalten und trinken will, lassen Sie es. Und erwarten Sie nicht unbedingt, dass es gleich beim ersten Mal zur Wasserratte wird. Unter Umständen kostet es Ihr Pferd schon genug Überwindung, sich die Hufe nass zu machen. Genau wie bei den Menschen gibt es auch unter den Pferden solche, die das Wasser lieben werden, und andere, die dem erfrischenden Nass zeit ihres Lebens nichts abgewinnen können.

Wichtig ist auf jeden Fall, besonders bei den ersten Ausflügen zu einem Bach oder See, dass Sie aufhören, wenn es am schönsten ist. Damit will ich Ihnen keineswegs den Spaß verderben. Im Gegenteil! Wenn Sie Ihr Pferd überfordern, Ihre (und seine) Grenzen austesten und so weit gehen, bis es Angst bekommt oder etwas schief läuft, werden Sie beim nächsten Mal vermutlich schon Mühe haben, auch nur in die Nähe des Wassers zu kommen. Schaffen Sie hingegen einen guten Abschluss, freut Ihr Pferd sich beim nächsten Mal auf das Nass und Sie werden noch länger planschen können. In diesem Sinne fordern Sie vom Pferd jedes Mal ein bisschen mehr, loben es für alle Schritte in die richtige Richtung und sind geduldig, wenn es sich mal nicht weitertraut.

Mit dem richtigen Schuhwerk können Sie anfangs neben Ihrem Pferd herlaufen und es ins Wasser führen, wie es das von den vorherigen Übungen her gewöhnt ist. Klappt das, probieren Sie es reitend aus. Als Übergang kann auch einer im Sattel sitzen und einer führen. Loben Sie es häufig, auch für kleine Fortschritte, und geben Sie das nächste Kommando erst, wenn Sie das Gefühl haben, dass Ihr Pferd bereit ist. Haben Sie das Glück, ein Gewässer zu finden, in das Sie nicht nur hineinreiten, sondern in dem Sie sogar schwimmen können, stellt sich natürlich die Frage nach der richtigen Ausrüstung. Ledersattel und Trense eignen sich schon deshalb nicht, weil sie im Wasser zu sehr leiden. Mit Halfter, in das Gurtzügel oder ein langer Strick eingehängt werden, für das Pferd und Badeanzug bzw. Badehose für den Menschen fahren Sie vermutlich am besten. Bei gut erzogenen Pferden brauchen Sie nicht mehr. Andere sollten zuerst eine entsprechende Erziehung genießen, bevor sie sich zum Schwimmen eignen.

So sollte ein Gewässer beschaffen sein

Egal ob Bach, See oder Weiher, ein paar Voraussetzungen müssen gegeben sein, damit der Schwimmspaß nicht zur Gefahr für alle Beteiligten wird. Im Zweifelsfall suchen Sie sich lieber eine andere Badestelle.

▸ **Flacher Einstieg:** Besonders wenn Ihr Pferd noch nicht viel Erfahrung mit Bächen gemacht hat, sollten Sie auf einen komfortablen Einstieg achten. Wählen Sie eine Stelle, an der das Pferd ohne große Anstrengungen und Rutschpartien bis ans Ufer herankommt. Wenn es dort noch einen Moment gemütlich stehen bleiben kann oder Sie sogar ein paar Schritte in jede Richtung reiten können, umso besser. Umso leichter wird es ihm fallen, seinen ersten Schritt in das (optimalerweise flache) Wasser zu machen.

▸ **Der Untergrund:** Stufen, steile Böschungen oder ein matschiges Ufer sind denkbar ungeeignet. Ihr Pferd sollte festen Boden unter den Füßen haben, damit es auch in Schrecksituationen guten Halt hat. Gleiches gilt natürlich für das Bachbett. Achten Sie

darauf, dass dort keine Gesteinsbrocken, Scherben, Dosen etc. liegen oder der Grund zu schlüpfrig ist.

▸ **Das Wasser** selbst sollte klar sein und keine zu große Strömung haben. Auf Sauberkeit und angemessene Temperaturen zu achten versteht sich hoffentlich von selbst.

Die *etwas* andere Quadrille

Das Quadrillenreiten oder überhaupt das Reiten auf Musik findet in jedem Reitverein seine Anhänger. Unterschiedliches Können seitens der Reiter, große Unterschiede im Ausbildungsstand der Pferde oder eine ungünstige Zahl Paare macht es jedoch häufig schwierig, eine vorführreife Präsentation auf die Beine zu stellen. Eine lustige Alternative, bei der Anfänger, Könner und Nichtreiter gleichermaßen mitwirken können, stellt die Steckenpferdquadrille dar.

Zubehör

Ausreichend Steckenpferde oder Besen bzw. echte Pferde für alle Mitwirkenden und für jedes echte und „unechte" Pferd einen Reiter (oder Ehepartner, Freund, Vater, Mutter, Oma etc.). Sie brauchen vor allem Musik, mit der sich alle anfreunden können.
Als Erstes gilt es daher, sich auf ein Musikstück zu einigen – was sich mit

Tipps gegen die Angst
Das Führen zu zweit gibt vielen Pferden zusätzliche Sicherheit. Achten Sie unbedingt darauf, dass beide Führer genug Abstand (etwa einen Meter) zum Pferd haben. Futter regt zum Kauen an. Kauen zwingt das Pferd zu atmen und beruhigt.
Wenn Sie Erfahrung mit dem Clickertraining haben, ist der Knackfrosch auf jeden Fall einen Versuch wert. Das Gleiche gilt für die Körperbandage aus der TT.E.A.M.-Arbeit nach Linda Tellington-Jones.
Viele Pferde reagieren außerdem sehr gut auf ein Abstreichen mit der Gerte.

zunehmender Altersdifferenz innerhalb der Gruppe häufig als immer schwieriger herausstellt. Passend dazu müssen dann Figuren bzw. Abläufe zusammengestellt werden – genau wie bei einer richtigen Quadrille. Nur eben mit dem Unterschied, dass diese aus sehr unterschiedlichen Pferden zusammengesetzt ist.

Variationen

Am einfachsten ist es, wenn beide Abteilungen aus Steckenpferden oder schön geschmückten Besen bestehen. Dann fallen zum einen Größen- und Tempounterschiede weg und zum anderen können auch komplizierte Figuren und Übungen wie Piaffe, Passage, Einerwechsel etc. integriert werden – ohne dass Reiter und/oder Pferde an die Grenzen ihres Könnens stoßen.

Besonders bei kleinen Ponys kann es auch nett sein, wenn eine Abteilung auf echten Pferden, die andere auf „Attrappen" reitet. Dann wird jedoch der Schritt die vorherrschende Gangart bleiben müssen – außer Sie lassen sich eine sehr kreative Linienführung einfallen, die entsprechende Unterschiede kaschiert.

Eine weitere Alternative besteht darin, die ganze Quadrille geführt zu absolvieren: indem jeder sein Pferd führt oder z. B. ältere Kinder die kleinen auf den Pferden und Ponys führen. So können alle mitmachen, unabhängig von Können und Alter.

Bodenarbeit

Dass gute Bodenarbeit vor dem Reiten kommt, darüber sind sich fast alle Ausbilder einig. Dabei können sowohl Zwei- als auch Vierbeiner dabei eine ganze Menge lehren. Und wer erst mal gemerkt hat, was man mit seinem Pferd vom Boden aus alles anstellen kann, wird ganz schnell richtig Spaß daran bekommen.

Linda Tellington-Jones hat ein ganzes System an Führpositionen und Bodenarbeitshindernissen entwickelt, die sich zur Ausbildung und Korrektur von Pferden genauso eignen wie um Körperbewusstsein und Rittigkeit zu fördern. Außerdem lernen Pferd und Mensch sich dabei besser kennen,

OBEN: *Auch Bodenarbeit macht Spaß und fördert Geschicklichkeit sowie Vertrauen.*
UNTEN: *Egal ob es dabei über eine Wippe gehen soll*

verbessern ihre Kommunikation und bekommen eine tiefere Beziehung. Ich stelle Ihnen im Folgenden ein paar Hindernisse vor, die sich mit relativ wenig Aufwand und einfachen Hilfsmitteln selber zusammenstellen lassen. Bewältigen können Sie sie einzeln, als Parcours oder als Grundlage für einige der vorgestellten Spiele. Einfacher ist es in der Regel, das Pferd erst durch/über die Hindernisse zu führen und erst, wenn das gut klappt, zu reiten.

Bretter
Bretter bekommen Sie günstig in jedem Baumarkt. Achten Sie darauf, dass sie dick genug und nicht zu rutschig sind. Sie können sie auch mit Rasenteppich trittsicher machen. Optimalerweise besorgen Sie zwei, die Sie zuerst v-förmig auslegen und dann immer näher zusammenschieben, bis Ihr Pferd über die geschlossene Fläche geht. Es lernt dabei, über unterschiedlichen Untergrund zu gehen und das dabei entstehende polternde Geräusch zu akzeptieren. Letzteres macht die Bretter auch zu einer hervorragenden Vorbereitung aufs Verladen.

Brücke
Eine „richtige" Bücke ist nicht ganz einfach zu bauen und dann vor allem aufgrund des hohen Gewichts schlecht zu transportieren. Wenn Sie jedoch die Bretter rechts und links begrenzen (z. B. durch Tonnen, Planen, Cavalettis

oder Ähnliches), erinnert der Engpass schon fast an eine Brücke. Wichtig ist, dass Sie im Zweifelsfall immer außen mitlaufen, weil Ihr Pferd Sie sonst im Eifer des Gefechts (bzw. aus Schreck) über den Haufen rennen könnte.

Tonnen / Pylonen / „Hütchen"

Tonnen lassen sich wunderbar vielseitig für ganz verschiedene Hindernisse verwenden. Wer sie nur zur Bodenarbeit (und nicht fürs Futter) verwenden will, muss keine neuen kaufen, sondern kann in einer Färberei nach alten fragen. Die sollten aufgrund der chemischen Belastung jedoch wirklich nie für Essbares verwendet werden! Verwenden lassen sie sich unter anderem als Engpass, Slalom, Kleeblatt oder zur Markierung beim Reiten oder Führen (z. B. als Zirkelmittelpunkt). Alternativ können Sie auch Pylonen, Hindernisständer etc. verwenden.

Stangen

Sie benötigen nicht unbedingt schnurgerade Turnierstangen. Bei den Forstämtern bekommen Sie günstig etwas schiefe Stämme. Nicht wetterfest, aber dafür leicht sind Pappröhren, die als „Innenleben" von Teppich- und Tapetenrollen verwendet werden und die Sie in den meisten Kaufhäusern und Baumärkten bekommen. Entsprechende Plastikrohre sind zwar auch leicht und wetterfest, jedoch aufgrund der Bruch- und Splittergefahr nicht zu

empfehlen. Zur Not können Sie auch ganz einfach Seile als Markierung benutzen, die Linien mit Sägespänen aufzeichnen oder im Sand nachfahren. Bauen können Sie damit fast alles, z. B.:

▸ **Labyrinth:** fördert Biegung, Koordination und verbessert das Körpergefühl.

▸ **„L":** Eignet sich vorwärts wie rückwärts wie seitwärts. Sie können ein Stangen-L entweder aus ganz normalen Stangen legen oder aus Cavalettis eine richtige Begrenzung bauen. Damit kann man Pferden gut zeigen, dass sie nicht über den Rand treten sollen.

▸ **Mikado:** Hierbei werden die Stangen unordentlich kreuz und quer verteilt, aber immer noch so, dass ein Pferd darüber steigen kann. Das Pferd muss dabei besonders gut aufpassen, wohin es seine Hufe setzt, da die Abstände

*Egal ob in der Bahn oder im Gelände:
Mit gegenseitigem Verständnis und Rücksicht-
nahme macht Reiten (noch mehr) Spaß!*

sich doch ein paar allgemeine Regeln
bewährt:

▸ Bewältigen Sie am Anfang alle Hindernisse zügig, jedoch ohne zu eilen.
Wenn Sie Ihr Pferd zu sehr bremsen,
kann es unsicher und damit nur noch
schneller werden. Später können Sie
die Geschwindigkeit gezielt variieren
und vom Pferd unterschiedliche Gangarten verlangen.

▸ Will es jedoch das Hindernis anschau-
en oder reduziert von sich aus das
Tempo, lassen Sie ihm Zeit.

▸ Beobachten Sie Ihr Pferd! Wie bewältigt es die Hindernisse? Wie organi-
siert es seinen Körper? Wie koordiniert
es seine Beine?

Die Bodenarbeit spielerisch gestalten

Auch die Bodenarbeit beinhaltet ein
schier unerschöpfliches Reservoir an
Spielen. Hier ein paar Anregungen.

Bodenarbeitsquadrille: Auf einem
großen Platz oder Feld bauen Sie
parallel nebeneinander jeweils die
gleichen Hindernisse auf. Als Pas de
deux oder in zwei Gruppen absolvieren
Sie nun zu geeigneter Musik den
Bodenarbeitsparcours. Besonders mit
passender Kostümierung und/oder ori-
ginellen Hindernissen eine interessan-
te Alternative zur herkömmlichen Quadrille.

Blinde Kuh: Von diesem vielseitigen
Spiel gibt es auch eine Variante für die
Bodenarbeit. Alle Mitspieler tun sich

nicht, wie sonst, ganz gleichmäßig
verteilt sind.

Stern: Hier werden die Stangen
fächerförmig ausgelegt, wobei ein
Ende auf einem Strohballen oder Ähnli-
chem ruht und somit erhöht ist. Dieses
Hindernis eignet sich besonders, um
die jeweils innere Schulter zu öffnen,
und ist eine hervorragende Vorübung
für alle Seitengänge. Denken Sie daran,
dass die Stangen auf einem imaginä-
ren Kreis liegen, und gehen bzw. reiten
Sie deshalb im Bogen darauf zu. Sonst
haben Sie nicht den vollen Nutzen aus
Biegung und Heben der Beine.

Auch wenn es viele Varianten der Bodenarbeit gibt und (fast) jeder Ausbilder eine eigene Philosophie hat, haben

paarweise zusammen, wobei jeweils einem die Augen verbunden werden. Der andere dirigiert ihn mit feinen Hilfen durch den Parcours. Gewonnen hat wahlweise das schnellste Paar oder das mit den wenigsten Fehlern oder das, das seine Zeit am besten geschätzt hat (siehe S. 37). Entscheiden Sie vorher, welche Hilfsmittel erlaubt sind.

Bodenarbeit
ohne Pferd

Haben Sie sich jemals überlegt, wie sich ein Pferd bei der Bodenarbeit fühlt, wie es die Welt sieht und Ihre Hilfen wahrnimmt?
Probieren Sie doch mal Folgendes aus: Bitten Sie einen Partner, für Sie Pferd zu spielen. Dazu soll er entweder einen Strick in die Hand nehmen oder sich um die Handgelenke wickeln lassen. So führen Sie ihn nun über den Platz und die Hindernisse – genau, wie Sie es auch mit Ihrem Pferd machen würden. Wie geht es Ihrem Partner dabei? Welche Signale kommen gut an? Welche weniger? Nach einer Weile wechseln Sie die Rollen.
Wie sich das Pferd fühlt, können Sie in etwa nachvollziehen, wenn Sie mit den Händen über Ihrer Nase ein Dach bilden. Platzieren Sie Ihre Finger so, dass Sie einen guten Meter vor sich den Boden nicht sehen können, und lassen sich so führen. Was fällt Ihnen dabei

Wichtig

Das Gesichtsfeld des Pferdes
Haben Sie gewusst, dass ein Pferd – aufgrund der Stellung seiner Augen – vor seiner Nase nichts sieht?

auf? Genau, in dem Moment, in dem Sie über die Stangen treten, sehen Sie diese gar nicht. Dem Pferd geht es genau so. Vielleicht sind Sie in Zukunft dadurch etwas geduldiger, wenn Ihr Pferd ein Hindernis zögerlich bewältigt oder gegen eine Stange stößt.

Wie sieht ein Pferd? Indem Sie Ihre Hände dachartig über die Nase legen, können Sie ausprobieren, wie es ist, wenn man – wie die Pferde – den Boden vor den Füßen nicht sieht.

Zum Weiterlesen

Bücher

Binder/ Kärcher:
Horse Feelings, Die Welt der Pferde. Frei, geheimnisvoll, faszinierend. Kosmos Verlag, Stuttgart 2001.

Braun/ Borelle:
Bea Borelles Pferdetraining. Bewusst – befähigt – begeistert. Kosmos Verlag, Stuttgart 2002.

Gohl, Christiane:
Was der Stallmeister noch wusste: Neue Tipps rund ums Reiten. Kosmos Verlag, Stuttgart 2002.

Hempfling, Klaus Ferdinand:
Mit Pferden tanzen. Kosmos Verlag, Stuttgart 2001.

Hoffman, Marlit:
Reiterrallyes Reiterspiele. Vorbereitung auf Allround-Wettbewerbe, Spiel und Spaß. Kosmos Verlag, Stuttgart 1998.

Penquitt, Nathalie:
Nathalie Penquitts Pferdeschule, Zauber der Verständigung. Kosmos Verlag, Stuttgart 1996.

Schmid-Neuhaus, Angelika:
Das große Fitnessprogramm für Pferde. Die drei Elemente zum Erfolg: Massage, gelöstes Reiten, Sattelcheck. Kosmos Verlag, Stuttgart 2000.

Schmidt, Dagmar:
Longieren, Sinnvoll und richtig. Kosmos Verlag, Stuttgart 2002.

Schwaiger, Susanne:
Persönlichkeitstraining mit Pferden, Das Praxisbuch. Kosmos Verlag, Stuttgart 2001.

Spilker, Imke:
Selbstbewußte Pferde, Wie Pferde ihre eigenen Übungen und Lektionen entwickeln. Kosmos Verlag, Stuttgart 2000.

Suess Schröttle, Doris
Pferde longieren, Ausrüstung, Körperhaltung, Gymnastische Übungen. Kosmos Verlag, Stuttgart 2001.

Videos

Hoffman, Marlit:
Reiterrallyes Reiterspiele. Spiel und Spaß mit Pferden. Kosmos Verlag, Stuttgart 1994.

Tellington-Jones, Linda:
Die Persönlichkeit Ihres Pferdes. Kosmos Verlag, Stuttgart 2000.

Tellington-Jones, Linda:
TTEAM-Bodenarbeit. Kosmos Verlag, Stuttgart 2000.

Nützliche Adressen

Deutsche Reiterliche Vereinigung (FN)
Freiherr-von-Langen-Str. 13
48231 Warendorf
Tel. 02581-63620
Fax 02581-62144
fn@fn-dokr.de
www.fn-dokr.de

FS Reit-Zentrum Reken
Frankenstr. 37
48734 Reken
Tel. 02864-2434
Fax 02864-5860
fs.reitzentrum@t-online. de
www.fs-reitzentrum.de

TTEAM Deutschland
Bibi Degn
Hassel 4
57589 Pracht
Tel. 02682-88 86
Fax 02682-66 83
bibi@TTEAM.de

TTEAM Österreich
Ruth & Martin Lasser
Anningerstr. 18
A – 2353 Guntramsdorf
Tel. 02236-47 000
Fax 02236-47 070
tteam.office@aon.at

TTEAM Schweiz
Doris Süess-Schröttle
Mascot Ausbildungszentrum AG
CH – 8566 Neuwilen
Tel. 071-69 91 825
Fax 071-69 91 827
learn@mascot-ausbildung.ch

Vereinigung der Freizeitreiter in Deutschland e.V. (VFD)
Am Bauernwald 5b
81739 München
Tel. 0171-4201521
Fax 089-60608123
bundesvorstand@vfdnet.de
www.vfdnet.de

Register

Impressum

Umschlag von eStudio Calamar unter Verwendung von vier Farbfotos von Sabine Stuewer (Hauptmotiv), Christof Salata / Kosmos (kleine Motive)

Mit 69 Farbfotos und einer Illustration.

Alle Angaben in diesem Buch erfolgen nach bestem Wissen und Gewissen. Sie entbinden den Pferdehalter nicht von der Eigenverantwortung für sein Tier und können insbesondere die tierärztliche Untersuchung und Behandlung nicht ersetzen.

Die Deutsche Bibliothek –
CIP-Einheitsaufnahme
Ein Titelsatz für diese Publikation ist bei Der Deutschen Bibliothek erhältlich

Gedruckt auf chlorfrei gebleichtem Papier

© 2002, Franckh-Kosmos Verlags-GmbH & Co., Stuttgart
Alle Rechte vorbehalten
ISBN 3-440-09051-5
Redaktion: Silke Behling
Gestaltungkonzept: eStudio Calamar
Gestaltung & Satz: Atelier Krohmer, Dettingen/Erms
Produktion: Kirsten Rabe, Markus Schärtlein
Reproduktion: Repro Schmidt, Dornbirn
Printed in Germany / Imprimé en Allemagne
Druck und Bindung: Westermann Druck GmbH, Zwickau

Bildnachweis

Farbfotos: Lily Merklin (S. 54), Ralf Roppelt/ Kosmos (S. 5, 49), Hildegard Tollkötter-Büttner/ Kosmos (S. 39), alle anderen Fotos von Christof Salata/ Kosmos .